中原官话时体语法化研究

高水云 著

华中科技大学出版社
http://press.hust.edu.cn
中国·武汉

内容提要

语言类型学家 Joan Bybee、Revere Perkins 和 William Pagliuca 等在研究世界语言的时体与情态的演化时提出"来源决定论",认为语言的演变不受具体文化的影响,相同来源的词会有相同或相似的演化。本书以中原官话时体的语法化为例,证明"来源"并不是语言演变的决定因素,相同来源的词在不同族群或方言中,可能有不同的演化方向。全书包括六个章节。第一章为相关概念介绍,并对前人研究进行了梳理,说明了本书的研究方法、研究目标和语料来源。第二章以中原官话漯项片的鄢陵方言为例,论证汉语中存在时范畴,汉语是有时态的语言。第三章详细讨论鄢陵方言中"了"的语法化。第四章结合多点方言共时变体和历时语料,探讨中原官话"着"的演化最大可能性。第五章介绍与时体有关的中原官话动词变韵现象。第六章进一步对汉语表时体的几个语法形式进行比较分析。

图书在版编目(CIP)数据

中原官话时体语法化研究 / 高水云著. —武汉:华中科技大学出版社,2024.4
ISBN 978-7-5772-0584-7

Ⅰ. ①中… Ⅱ. ①高… Ⅲ. ①官话－语法－研究 Ⅳ. ①H172

中国国家版本馆 CIP 数据核字(2024)第 057000 号

中原官话时体语法化研究   高水云 著
Zhongyuan Guanhua Shiti Yufahua Yanjiu

策划编辑:李家乐
责任编辑:鲁梦璇
封面设计:廖亚萍
责任校对:阮 敏
责任监印:周治超

出版发行:华中科技大学出版社(中国•武汉)   电话:(027)81321913
    武汉市东湖新技术开发区华工科技园   邮编:430223

录   排:孙雅丽
印   刷:武汉市洪林印务有限公司
开   本:710mm×1000mm   1/16
印   张:11.75
字   数:202 千字
版   次:2024 年 4 月第 1 版第 1 次印刷
定   价:89.90 元

本书若有印装质量问题,请向出版社营销中心调换
全国免费服务热线:400-6679-118   竭诚为您服务
版权所有 侵权必究

前言 PREFACE

美国语言类型学家Joan Bybee、Revere Perkins和William Pagliuca等在研究世界语言的时体与情态的演化中提出"来源决定论(The Source Determination Hypothesis)",认为语言的演变不受具体文化的影响,相同来源的词会有相同或相似的演化。中原官话时体相关形式的语法化现象表明相同来源的词在不同族群或方言中,可能有不同的演化方向;而不同来源的词位于相同的句法位置时,可能会有相同或相似的演化。语义网络的多维性和语言输出的一维性的矛盾是语言内部演化的主要动因。这个矛盾造成同一句法位置承担了多种语义功能,不同来源的语法形式若出现在同一句法位置,就会拥有相同的演化潜势,"来源决定论"不适用于汉语时体的演化。

汉语有无时范畴尚存不小争议。在讨论时标记的语法化路径时,我们重点论证了汉语有没有时标记。我们认为,如果一个虚化了的语法形式表达的是时意义(表明事件时间与参照时间的关系),那它就是一个时标记。如果汉语中存在时标记,那汉语就是有时范畴的语言。在中原官话鄢陵方言中,存在这样表示时意义的虚词形式。鄢陵方言的绝对时无标记,相对时有标记。相对时同时标记"呵/hə^{21}/""时/ʂə^{21}/"与先时标记"了/liao^{21}/"共同构成时标记系统。即使不是所有学者都同意表示时意义的虚词就是时标记,这部分的论述也算为学界提供了一些鄢陵方言表示时意义的虚词的语料,抛砖引玉,希望能对读者有帮助。

体标记的语法化部分我们重点讨论了"了"和"着"的语法化。

汉语"了"不仅有表已然实现的词尾"了$_1$"、句尾"了$_2$",还存在大量表非已然达成义的"了"。争议较大的普通话词尾"了"在河南鄢陵方言中有完结体"了/liao^{44}/"、派生类完整体(达成体)"了/liao^{21}/"和屈折类完整体"了/lɛ^{21}/"等。这三个词尾"了"分别位于不同的演化分支,彼此不存在直接的演化关系。

在"着"的语法化研究部分,我们将多点方言共时变体和历时语料相结合,探讨中原官话"着"的演化最大可能性。在论述过程中,我们提出"着"由表处所到表持续中间经过了介引动作对象的介词阶段。对"介词"这一定性,大部分学者或许不太能接受。我们的论证思路如下。

汉语中存在一些动词带"着"之后必须带宾语的现象。如:

(1)我爸从来不向着我。
(2)我就指着这篇文章了。
(3)这意味着我们以后不用再加班了。
(4)他说着他不来了。(鄢陵方言介引引语的"着")

例(1)(2)是"动词+着+宾语",例句中的"着"用在动词和动作对象之间,没有动态义。例(3)中,"意味"也是谓宾动词,不能说"*意味着意味着","着"不表示持续状态,也不是补语(补语后可以加"了"之类的体助词,并且补语会给动词增加一些结果或动态义,这里的"着"没有结果或动态义)。例(4)中,鄢陵方言"着"为介引引语用法。言说义动词本身可以单说,加体助词也可以单说,如"我说。""我说了。""说着,哭着。"但是带引语的"说着"不可以单用,不可以带话题宾语,必须带引语内容,如"他说着他不去了。"这个句子中的"说着",不可以表达为"*他说着。""*他说着这个事儿。"

以上三种现象,分别为"V+着+名词宾语""V+着+谓词宾语"和"V+着+引语内容(言说义动词的直接宾语)"。它们的共性是,动词加"着"后,直接宾语必须出现,"着"不能带体助词,不表动态义。"V+着+O"中的"着"不是体助词(不表体意义),不是动相补语或结果补语(不能加体标记)。

但是,要论证"着"可作介词必须要证明它有独立带宾语的能力。也就是说,需要证明这个宾语是"着"引出来的,若没有"着",就不能带这个宾语;或者如果发现"V+着+O"中的"着+O"能前置,也可以证明"着"有单独介引动作对象的能力。但是,在"V+着+处所"演变为"V+着+受事"的初始语境中,动词必须是及物动词。这个阶段的语法化完成后,动词和"着"的宾语为同一对象。"着"语义虚化,仅在结构上与其后的宾语形成支配关系。即使没有"着",及物动词也可以带宾语,所以第一条路子行不通。古籍和中原官话的一些次方言中确实有"着+宾语+VP"的用例,但表示处置的"着+宾语+VP"中的"着"是由"着"的其他意义演化而来(我们文中有论证),与"V+着+O"中的"着"不同,所以也无法用前置于动词的"着+O"来论证"V+着+O"中介词"着"的独立性。

及物动词本身没有不可加体助词、不可悬空的性质,加上"着"之后才不能带体助词,且宾语必须出现。这个变化只能是"着"带来的,而不可带体助词、不可悬空正是介词的性质。再加上,中原官话的一些次方言中存在"着"的处所介词(介引处所)、时间介词(介引时间)和处置介词(前置于动词,介引动作对象)用法,所以我们在文中还是把这里的"着"当作介引动作对象的介词处理。

这本书肯定还有很多疏漏或论证不足的地方有待来日完善,也真诚期待读者能针对本书的观点和论证提出批评建议,感谢!

高水云
2024 年 5 月

目录 CONTENTS

第一章 绪论 ·· 1

1.1 引言 ··· 1
1.2 相关概念、术语介绍 ··· 1
    1.2.1 中原官话 ··· 1
    1.2.2 语法化 ·· 3
1.3 前人关于中原官话时体的研究 ·· 12
    1.3.1 时(tense) ··· 12
    1.3.2 体(aspect) ··· 13
    1.3.3 前人关于中原官话"体"的语法化研究 ····························· 15
1.4 研究方法、研究目标和语料来源 ·· 16
    1.4.1 研究方法 ··· 16
    1.4.2 研究目标 ··· 17
    1.4.3 语料来源 ··· 17

第二章 鄢陵方言"时"(tense)相关表达形式 ···································· 18

2.1 相对时同时标记"时/ʂə²¹/"与"呵/hə²¹/" ································ 22
2.2 相对时异时标记"了/liao²¹/" ·· 25
    2.2.1 了/liao⁴⁴/、/liao²¹/和/lɛ²¹/ ··· 25
    2.2.2 "了/liao²¹/"的时标记及相关用法 ··································· 25
    2.2.3 同时标记和先时标记的对比 ·· 29
2.3 一个演化斜坡:相对时标记>假设条件助词>话题标记 ············ 30
2.4 鄢陵方言时标记系统 ··· 32

第三章　鄢陵方言"了"的语法化 ··········34

3.1 鄢陵方言"了"的用法 ··········35
3.1.1 完结义"了/liao⁴⁴/" ··········36
3.1.2 非已然达成义"了/liao²¹/" ··········38
3.1.3 实现义"了/lɛ²¹/" ··········43
3.1.4 鄢陵方言"了"各用法比较分析 ··········48
3.1.5 鄢陵方言"了"用法小结 ··········50

3.2 "了"的语法化 ··········51
3.2.1 前人关于普通话词尾"了₁"的来源的争议 ··········51
3.2.2 完结体"了/liao⁴⁴/"的语法化过程 ··········52
3.2.3 表非已然达成的"了/liao²¹/" ··········54
3.2.4 表已然实现的"了/lɛ²¹/" ··········59
3.2.5 双了句 ··········62

3.3 "了"的语法化路径与特点 ··········65
3.3.1 鄢陵方言"了"的语法化路径 ··········65
3.3.2 "了"的演化特点与语法化单向性假说 ··········67

第四章　中原官话"着"的语法化 ··········69

4.1 鄢陵方言中"着"字的用法 ··········69
4.1.1 动词性的"着" ··········70
4.1.2 后置词"着/tʂuo⁵²⁻²¹/" ··········73

4.2 中原官话其他方言片区"着"字的用法 ··········79
4.2.1 表使役、被动 ··········79
4.2.2 时间、方位介词 ··········79
4.2.3 语气词、先行义助词、结构助词 ··········80
4.2.4 相对时标记、假设条件助词、话题标记 ··········83

4.3 中原官话"着"的语法化分析 ··········85
4.3.1 "着(著)"的本义 ··········86
4.3.2 处所介词、时间介词"着" ··········87
4.3.3 动态助词相关用法 ··········89

    4.3.4 语气词、先行义助词"着" ... 108
    4.3.5 表使役、致使、处置、被动的"着" ... 113
    4.3.6 "着"的情态用法 ... 124
    4.3.7 "着"语法化的路径、机制和动因分析 ... 128
  4.4 小结 ... 135

第五章 变韵形式表时体——兼探讨"来源决定论"及句法位置对语言演化的影响 ... 137

  5.1 中原官话的D变韵 ... 137
    5.1.1 D变韵的语音对应 ... 137
    5.1.2 D变韵的分布条件与语法功能 ... 139
    5.1.3 小结 ... 151
  5.2 汉语方言小称形式的语法功能 ... 152
    5.2.1 前人关于小称形式表时体、处所等义的看法 ... 153
    5.2.2 方言中"动词+儿化"的现象 ... 154
    5.2.3 小称与时体的关系 ... 158
  5.3 句法位置对演化的影响——对来源决定论的探讨 ... 159
    5.3.1 "时""呵(后)""了""着"在句尾位置用法 ... 159
    5.3.2 D变韵、"儿化"变韵、"着"在动词后位置的用法 ... 160
    5.3.3 "来源决定论"的讨论 ... 160

第六章 总结 ... 163

  6.1 本书创新点 ... 163
    6.1.1 证明汉语有时范畴 ... 163
    6.1.2 得出鄢陵方言"了"的演化路径并分析其演化机制与特点 ... 164
    6.1.3 中原官话"着"的演化 ... 165
    6.1.4 理论探索 ... 168
  6.2 研究的不足之处与未来展望 ... 169

参考文献 ... 170

第一章 绪 论

1.1 引言

美国语言类型学家 Joan Bybee、Revere Perkins 和 William Pagliuca(1994)在研究世界语言的时体与情态的演化中提出"来源决定论",认为语言的演化不受具体文化的影响,相同来源的词会有相同或相似的演化。这也就意味着,世界上所有的语言遵循共同的演化路径,并有相同或相似的演化模式。

本书以中原官话时体的语法化为研究对象,证明相同来源的词在中原官话不同次方言中存在不同的演化方向,"来源"并不是语言演变的决定因素,句法位置在汉语演化过程中起到了更重要的作用。选择中原官话作为研究对象,一方面是因为中原官话是笔者母语,笔者对材料的处理可以更细致,体察更细微的语法意义;另一方面是因为中原官话在历史上长期作为官话使用,对周边其他汉语方言的发展影响深远,也较少受其他方言影响,语法化以语言内部因素导致的演化为主,因此可以更好地观察语言内部演化的规律。

本章先对研究中涉及的一些概念、术语稍作说明,后对前贤时彦关于中原官话时体语法化的成果做一个简单综述,最后说明本书的研究目标、研究方法及材料来源。

1.2 相关概念、术语介绍

1.2.1 中原官话

1. 中原官话概念的提出

中原官话是学者在对普通话基础方言(北方话)进行分区研究的过程中提出的一个概念。

学界对普通话基础方言(北方话)的认识有一个渐进的过程。李荣先生(1985)提到,上海申报馆1934年发行的《中华民国新地图》中,第五图乙《语言区域图》的图例始有"华北官话区""华南官话区"的说法。上海申报馆1939年发行的《中国分省新图》第四版中,《语言区域图》的图例将"华北官话区"改为"北方官话区",将"华南官话区"改为"上江官话区"和"下江官话区"。上海申报馆1948年发行的《中国分省新图》第五版中的《语言区域图》,把"上江官话区"划分为"西南官话"和"湘语",把"赣语"从"下江官话区"分出来。李荣先生(1985)提出,应将保留了入声的晋语从官话中分离出来,并根据古入声字的今调类把官话方言分为七区:西南官话、中原官话、北方官话、兰银官话、北京官话、胶辽官话、江淮官话。其中,中原官话的特点为:古入声清音字、次浊字今都读阴平,古入声全浊字今读阳平。这是中原官话首次作为区域方言概念出现。李荣先生(1985)根据古入声字今调类对官话方言进行的分区如表1-1所示。

表1-1 古入声字今调类(李荣版)

	西南官话	中原官话	北方官话	兰银官话	北京官话	胶辽官话	江淮官话
古清音	阳平	阴平		去声	阴阳上去	上声	入声
古次浊		阴平	去声				
古全浊		阳平					

资料来源:李荣.官话方言的分区[J].方言,1985(1).

《中国语言地图集》(1987)在李荣(1985)官话方言分区的基础上,将东北官话从北京官话中分离出来,形成八个官话方言区。刘勋宁(1995)在李荣(1985)的研究基础上,将八个官话方言区按地理位置重排,如表1-2所示。

表1-2 古入声字今调类(刘勋宁版)

	胶辽官话	东北官话	北京官话	冀鲁官话	中原官话	兰银官话	西南官话	江淮官话
古清声	上声	阴阳上去	阴阳上去	阴平	阴平	去声	阳平	入声
古次浊		去声						
古全浊		阳平						

资料来源:刘勋宁.再论汉语北方话的分区[J].中国语文,1995(6).

刘勋宁(1995)根据入声分化类的多寡,把官话方言分为三类:西南官话和江淮官话为一类,古入声字或保留为入声,或归入阳平,称为南方官话;原中原官话和兰银官话为一类,古入声字根据声母清浊一分为二,全浊为阳平,清声母和次浊声母或归阴平,或归去声,统称中原官话,原中原官话改称中部官话;其余四个官话为一类,古入声字今调类一分为三,称为北方官话。这个分类结果不仅和地理关系密切,也与语言演化的规律一致,从较早的语音分化条件得出较大的分类层次,然后再分为次级的官话方言区(见图1-1)。

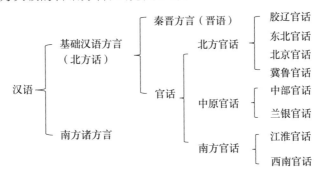

图1-1　汉语官话方言分区(刘勋宁版)

资料来源:刘勋宁.再论汉语北方话的分区[J].中国语文,1995(6).

李荣(1985)与刘勋宁(1995)的中原官话有层级的不同。因《中国语言地图集》中的中原官话概念采用李荣先生(1985)的说法,涉及学者众多,调查点丰富,影响巨大,所以学界一般提到中原官话即指《中国语言地图集》中所说古清、次浊入声字归阴平的官话方言,也是本文所指称的中原官话(刘勋宁先生称为中部官话)。

2. 中原官话分区

中原官话在地理上呈东西走向分布,涉及河南、河北、江苏、安徽、山东、山西、陕西、甘肃、宁夏、青海、新疆、四川12个省区。《中国语言地图集》(2012)在1987年版的基础上,把中原官话分为14片:南疆片、秦陇片、河州片、陇中片、关中片、汾河片(包括解州小片,绛州小片和平阳小片)、洛嵩片、南鲁片、郑开片、漯项片、信埠片、兖菏片、商阜片、徐淮片。

1.2.2　语法化

1. 语法化的历史发展与语法化概念的定义

早在宋元时期,小学家的研究中已经包含了演化的观点。元代周伯琦有"今之虚字,皆古之实字"的说法(孙朝奋,1994)。现代意义的语法化研究要追溯到18世纪。法国哲学家Condillac(1746,1749)第一个注意到动词性屈折形式(如时后缀)来源于独立词,这一发现激励19世纪研究者们致力于建立印欧语的比较语法原则。与Condillac同时期的Horne Tooke(1786,1805)认为语言的原初状态是"具体的","抽象的"语言现象从具体现象演变而来,并发展出一套理论(Heine et al.,1991)。

之后语法化一直是语言学研究的一个热点问题,是历史比较语法研究和语言类型学研究的重要范式。Franz Bopp(1816,1833)认为印欧语中的实词虚化对原始语言的构拟至关重要(Heine et al.,1991)。Schlegel(1818)认为虚化是为了加快语言交流的速度。Wilhelm von Humboldt于1822年在柏林科学院所做的一场"关于语法形式的产生及其对思想进化的影响"的演讲中(正式发表于1825年),用演化的视角对语言的孤立型、黏着型、屈折型和综合型进行了说明,提出语言演化的四个阶段①分别可以对应语言的四种类型。至19世纪末,一个清楚的语法化研究传统已经建立起来,只是还没有一个正式的术语来命名。

萨丕尔是对语法化研究做出重要贡献的一位学者。他虽然没有将语法化作为其重要研究范式,但他著名的《语言论》中却包含了大量演化的观点。萨丕尔所说的"稀释过程"(thinning-out process)及"现在形式比它本身的概念内容存在得更久"等论述,可以与现代语法化研究中的"漂白"(bleaching)和"形式-意义不对称性"相对应。

法国语言学家梅耶(Antoine Meillet)(1912)首次使用"语法化"(grammaticalization)这个术语,并对语法化进行了一系列研究,因此他被公认为是语法化研究的奠基人。他认为只有通过类推创新和语法化这两种方式,新的语法形式才能产生。梅耶观察到语言的演变具有连续性和离散性,并发现一个成分的虚化程度越高,使用频率也越高。这些观点至今都对语法化研究有重要影响。

---

① 他认为语法是通过处于明显阶段中的具体想法的相配逐渐演化产生的。在第一阶段,只有事物可以指称,具体物体的相互关系由于在话段中无法清晰地表达出来,不得不依靠听话人的推断。那些被提及物体的某种次序逐渐成为惯例,于是这种固定的词序引出第二个阶段。

在第二个阶段,某些词开始在"实质的(具体的)"意义和"形式的(结构的或语法的)"意义之间摇摆不定,其中一些词在话段中专门用于承担更多关系。在第三阶段,这些功能词松散地依附于实质词。在第四个阶段,这些黏着性的成对组合融为综合的单一复合词。在第四个阶段,其中一些功能词会以表示语法关系的纯粹形式指示词的身份继续存在。功能词的存在可由它们的形式和意义反映出来。在长期的使用中,它们的惯用意义逐渐丧失,语音逐渐弱化(Heine et al.,1991)。

1970年以前,语法化主要被看作历史语言学的一部分,是一种分析语言演变、重构某个特定语言或语族的历史,或者建立现代语言结构同早期语言使用形式之间关系的手段(Heine et al., 1991)。

1970年以后,因对现有的结构主义和转换生成语法分析方法的不满,开始有大量论著关注语法化作为一种超越"静态"的语法分析方法对共时语法的解释力。改良的格语法、认知语言学等不同流派的学者都对语法化研究范式产生了浓厚的兴趣。

20世纪中后期,一些学者受语言类型学影响,开始用语法化的方法来解决语言共性研究中出现的问题。Talmy Givón(1971)受类型学启发提出了一个语法分析的新视角:"为了理解一种语言当前的形态和形态配列,就必须构拟关于该语言历史发展过程中某一阶段的句法规则和转换结构的具体假设。"Givón的研究内容不仅限于词汇成分的演化,也包括从语篇到句法的演化。他有两句经典的论断:"今天的词法是昨天的句法"和"今天的句法是昨天的语用话语"。他认为,在语法化过程中,交流中的语用方式要让步于更具句法性的方式,并通过形态化、词汇化以及语音磨损发生磨蚀,结果形成如下循环:话语>句法>形态>形态语音>零形式。Givón的论述使语法化研究从句法层面扩展到语篇层面,为语法化研究扩宽了思路。

Li和Thompson(1974a,1974b)以及Li(1975)等的一系列文章,从语法化的角度解释了汉语语序的演变,把语法化应用于对共时语言现象的解读。

20世纪90年代,随着计算机的应用,语法化的跨语言研究兴盛起来。其中,具有重要影响的是Bybee及其同事对于动词形态学的调查。最初,Bybee(1985)以50种语言为基础讨论跨语言语法化,后来Bybee、Perkins和Pagliuca(1994)将语言种类增加到70多种,从跨语言的角度研究世界语言时、体和情态的演化。近年来的语法化研究揭示了大量跨语言有效的语法化模式和语法化路径,显示出人类语言的语法化演变具有强烈的共性特征。

从历史比较语法视角到关注共时语言现象的解释,从词汇的演化到包括篇章句法结构的演化,从单个语言的描写到基于大数据演化趋势、演化共性的研究,语法化的研究内容和研究方法经历了多次改变,学者对语法化的认识也逐步深化。

Hopper和Traugott(2003)在前人的基础上,把语法化看作两个术语的综合:①一种研究语言的词汇、结构和语法材料之间关系的研究框架,它在特定语言和跨语言中进行历时和共时的研究;②一个涉及语言演变的术语,通过这种演变,词汇项和结构进入某种语境以表示语法功能,一旦这些词汇项和结构发生了变化,就会发展出新的语法功能。这个定义目前被多数学者接受。

2. 语法化两个最重要的特点:单向性与渐变性

单向性是语法化理论中的一个重要假设,指语法化的演变以"词汇成分＞语法成分"或"较少语法化＞较多语法化"这种特定的方向进行(吴福祥,2004)。语音演变也有单向性倾向,如:塞音＞塞擦音＞擦音、词尾塞音清化(Haspelmath,2004)。语法化的单向性首先由Givón(1975)明确提出并作出解释,此后一直被认为是语法化的一个重要特征。单向性问题的争论始于20世纪90年代末。一些学者举例否认单向性的存在,另一些学者力主单向性有效。目前大多数学者的意见是:①语法化演变的单向性是一个强烈的倾向而非绝对的原则;②单向性假设显示出形态-句法演变的普遍制约,是对人类语言演变共性的一种概括,因而在理论和实践上都有重要的价值(吴福祥,2004)。

语法化单向性的一个重要体现就是语法化斜坡的存在(语法化斜坡体现了语言演化的共性)。语法化斜坡呈线性排列,越靠近本义的部分虚化程度越低,越远离本义的部分虚化程度越高。研究语法化的学者曾归纳出很多关于语法演变的斜坡,这里列举一些常用的斜坡。

a. 内容词＞功能词＞附着形式＞屈折词缀;

b. 话语＞句法＞词法＞语素＞零形式;

c. 实义动词＞助动词＞动词附着形式＞词缀;

d. 关系名词＞次要介词_{一般是定义具体关系而非语法关系的形式}＞主要介词_{有限的介词集合,纯粹表达语法关系}＞黏着词缀＞融合词缀;

e. 并列复句＞主次复句＞从属句;

f. 主要范畴_{名词、动词}(＞中介范畴_{形容词、副词})＞次要范畴_{介词、连词、助动词、代词、指示词、词缀}。

在历史文献材料不足的情况下,可以借助现有的共时语料并结合语法化斜坡来重建演变序列。

语法化的渐变性有两层含义:一是,随着时间的推移,可以看到出现了极其细微的局部结构演变序列;二是,新结构的使用频率跨语言类型、风格、语体和说话人逐渐增加。Hopper等(2003)认为,即使个人的语言演变是瞬间发生的,也有一个逐渐被大家接受的规约性的过程,语法化必然是渐变性的。

语法化的单向性特点在缺少历史资料基础上的语法化构拟和语法化路径的

推测中非常重要,渐进性与后来的语法化链概念及语法化的连续统观点关系密切。

单向性和渐变性被认为是语法化的两个最重要的特征,但是皮钦语和克里奥尔语的语法化过程常常呈现出非单向性和"瞬间"语法化的特征。Plag(1998)认为,这些被认为违反了单向性和渐变性的语法化实例多数都是底层语言语法成分的移入,而非传统意义上的语法化现象。他主张只有区分内在演变和语言接触引发的演变,才能对克里奥尔化和语法化的性质有一个新的比较深入的认识。

3."语法化构拟"与语法化参数

1)"语法化构拟"

上文提到,在历史文献材料不足的情况下,可以借助现有的共时语料并结合语法化斜坡来重建演变序列。

其方法是,运用相关的语法参数来测试不同功能或不同形式的语法化程度,并据此归纳从范畴性较高的形式或典型的用法到范畴性较低的形式或不太典型的用法的语法化斜坡,以及从语法化程度较低的形式或功能到语法化程度较高的形式或功能的语法化路径。这种方法被 Heine(2003)称为"语法化构拟"(grammaticalization reconstruction)(吴福祥,2014)。

这个研究方法的基本假设是:给定表达同一功能的两个形式或具有相同形式的两个功能,若二者同源(演变关系),那么语法化程度相对较高的形式或功能为晚出成分(演变的输入项),语法化程度相对低的形式或功能为先出成分(演变的输入项);若二者不同源(更新关系),那么通常的情形是,语法化程度相对高的形式为先出成分,语法化程度相对低的形式为后出成分(吴福祥,2014)。

2) 语法化参数

从研究方法和基本假设可以看出,测试语法化程度的参数尤为重要。以下是学界比较有影响的几个参数:Lehmann(1982,1986)的参数、Hopper(1991)的参数、Heine 等(1991,2007)的参数,以及吴福祥(2014)在 Lehmann 和 Heine 等的基础上针对语义图研究提出的两个更具概括性的参数。

Lehmann(1982)基于涉及语言形式自足性的"轻重""连贯性"和"变化性"以及它们与组合和聚合的关系,提出了描写语法化的六个共时参数:整体性(integrity)、聚合性(paradigmaticity)、聚合变化(paradigmatic variability)、结构辖域(structural scope)、黏着性(bondedness)、组合变化(syntagmatic variability)。Lehmann(1986)又提出了语法化的六个过程:磨损(attrition)、范式化(paradigmatization)、强制化(obligatorification)、减缩(condensation)、粘聚(coalescence)和固化(fixation)。这六个过程被诠释为六个共时参项的动态化。其关系如表1-3所示。

表1-3 语法化的参数和过程

参数	低语法化	过程	高语法化
整体性	一组语义特征;可能是多音节的	磨损	较少语义特征;较少音段或单音段的
聚合性	语项松散地参与语义场	范式化	小而紧密整合的范式
聚合变化	根据交际意图自由选择语项	强制化	系统限制的选择,很大程度上强制使用
结构辖域	涉及任意复杂性成分的语项	减缩	语项限定语或词干
黏着性	语项独立并置	粘聚	语项是负载体的附缀或语音特征
组合变化	语项可以自由转移	固化	语项占据固定

资料来源:Lehmann C. Grammaticalization and linguistic typology[J]. General Linguistics,1986(26).

Hopper(1991)认为Lehmann提出的参数是语法化达到一定程度时才有的特点,当语法化还没达到强制化和固化阶段时,用它们来判断语法化是否发生就较为困难。他在Lehmann的基础上提出了五项原则,用来确认语法化是否发生以及语法化进行的程度。Hopper的五项原则为:a.层次性(Layering);b.歧变性(Divergence);c.择一性(特化性)(Specialization);d.持续性(Persistence);e.去范畴化(De-categoralization)①。Hopper和Traugott(2003)认为层次叠置是语法化在共时下的结果,而择一、分离、持续是语法化的伴随过程,去范畴化是单向性的表现之一。

Heine等(1991)判定格标记语法化程度的参数为:

a. 如果一个语法范畴语源上来自另一个语法范畴,那么前者的语法化程度高于后者。

b. 如果两个功能之间的差别只体现在,一个具有表达空间的功能而另一个没

---

① 层次性:在一个功能领域内不断涌现出新的层次,旧层次有可能与新层次共存并发生相互影响。

歧变性:一个词汇形式经历语法化,从实词向助词或词缀等变化的时候,原始实词形式还可以经历其他语法化过程,产生其他语法化形式。

择一性(特化性):表达同一语法功能的多种形式经过筛选和淘汰,最后缩减到只并存一两种形式。

持续性:语法形式的意义和功能与词汇语素的历史联系起来,保留了词汇的早期意思。

去范畴化:Hopper和Thompson曾提出一个范畴原则,认为动词和名词是话语功能的两个原型实例化的两个范畴,其他范畴可以是不同程度的类名词范畴或类动词范畴。也就是说,他们把词类按照指称性和叙事性排了一个范畴等级,语法化涉及类名词范畴指称性的消失或类动词范畴叙事能力的降低。简单说来,就是名词或动词逐渐失去某些名词或动词的句法性质。

有,那么后者更为语法化。这个观察意味着在我们所考虑的格功能中,"空间"是语法化程度最低的格功能。

c. 如果两个语法范畴之间的差别只体现在,一个典型地包含指人的事件参与者,而另一个则包含无生的事件参与者,那么后者更为语法化。

d. 指称三维概念的范畴,语法化程度比指称一维概念的范畴低;指称一维概念的范畴,语法化程度又比指称零维概念的范畴低。这个参数有助于我们断定空间范畴的语法化程度比时间范畴低,而时间范畴的语法化程度又比"条件"或"方式"范畴低。

e. 如果两个范畴之间的差别只体现在,一个表达时间关系,另一个表达"逻辑"关系,那么后者更为语法化。据此我们可以确定,"原因""条件"范畴的语法化程度高于"时间"范畴。

f. 如果两个范畴之间的差别只体现在,其中一个具有更大的指涉范围,也就是说,在特定的上下文语境里,它可以包含另一个范畴,那么指涉范围越大,语法化程度越高。"方式"有更大的指涉范围,因此是一个比"工具"语法化程度更高的范畴。

g. 如果一个特定的语素既可以控制名词短语又可以控制小句,那么后一用法比前一用法的语法化程度更高。

Heine和Kuteva(2007)的语法化参数:

a. 扩展(extension),即一个语言成分用于新语境时产生了新的语法意义(语境诱发的重新识解);

b. 去语义化(desemanticization),即意义内容的消失或泛化;

c. 去范畴化(decategorialization),即词汇成分或其他低语法化形式所具有的若干形态句法属性的消失;

d. 销蚀(erosion),即语音实体的丧失。

吴福祥(2014)在前人的基础上,针对概念空间的动态化(概念空间的动态化演变只涉及功能的演化,所以与形态句法和语音相关的参数就用不上,实际可用的主要是跟语义有关的参数),提出了两个更为概括的参数:

a. 去语义化程度:给定(具有演变关系的)A、B两个功能,意义相对具体、特指、实指性(referential)高者为语源功能,而意义相对抽象、概括、示意性(schematic)高者为目标功能。

b. 去范畴化程度:给定(具有演变关系的)A、B两个功能,若二者分属词汇(主要)语类和功能(次要)语类,那么前者为语源功能,后者为目标功能。

这些参数,有些是在语法化过程特征的基础上设置的,有些是在前人归纳的语法化斜坡的基础上,根据单向性假说设置的。虽然语法化的单向性受到了质疑,但这些基于大量研究事实推导出的强烈倾向,在缺少历史资料的情况下对语法化路径的推导仍旧是非常重要且实用的。

4. 语法化的动因

诱发语言演化的动因,不同语言学流派有不同主张,具体包括:①儿童语言习得(形式语法的观点);②不同社团的接触(社会语言学的观点);③听说双方的互动(语法化的观点)。语法化研究中,关于语法化的动因,学者们提到较多的有两个:认知动因和语用动因。Hopper和Traugott(2003)认为,在语法化早期阶段影响意义演变的动因是语用推理。语用推理又包含两个认知处理机制:隐喻和转喻(谷峰,2008)。他们把语法化看作在特定语境中,听和说双方参与的连续意义协商的结果。出于特定情景的需要,说话人试图最大限度地提供信息,而听话人试图最大限度地保持合作。协商意义可能会涉及创新,具体而言,就是语用、语义以及最终的语法强化(Hopper et al., 2003)。

Bybee等(1994)认为,认知的"隐喻""转喻"和语用"推理"都属于语法演化的机制。吴福祥(2021)也认为,语义隐喻和转喻是语法化的两个很重要的机制。关于语法化的动因,吴福祥(2021)认为主要有:效率性动因、创新性动因、互动性动因和接触性动因。其中,前三个是语法化的内部动因,最后一个是语法化的外部动因。

5. 语法化的机制

语法化研究的目的不仅是研究演变的路径并对路径做出预测,也在于发现真正的演变机制。这些演变机制存在于日常的语言使用中,并最终导致了语法范畴的形成和演化。

Hopper和Traugoot(2003)认为,可以导致语法化的主要演变机制是在形态句法层面上的重新分析和类推,在语义上的概念转喻和隐喻,而它们最初都是由语用推理驱动的。

Langacker(1977)将"重新分析"定义为某句子或话段的表层面貌没有明显改变,但深层结构关系变化了。Hopper和Traugoot(2003)认为,对语法化而言,重新分析是最重要的机制,因为它是演变通过类推而得以进行的先决条件。在重新分析中,听话人理解的形式的结构和意义与说话人所说的不同。这种听话人理解的意义慢慢得到推广,在形式上可辨认之前,重新分析都是隐蔽的。类推指的是已经存在的结构对现存形式产生的吸引同化,是规则或结构的泛化。重新分析在本质上涉及的是线性的、组合性的,且经常是局部的重新组织和规则演变;类推在本质上涉及的是聚合关系的组织、表层搭配和用法模式中的演变。重新分析是隐蔽的,类推是明显的,类推是演变已经发生的主要证据。

隐喻指根据一种事物来理解和体验另一种事物,以及从基本的、一般是具体的意义,转变为更抽象的意义。隐喻是意义演变中得到广泛认可的过程。隐喻过程是跨概念界限的推理过程,一般用"映射"或"联想跳跃"来指称。这种映射不是随意的,而是由类推和相似关系诱发的。转喻在语法化中的作用最初没有受到重视,后来才得到广泛认可。人们越来越认识到,"对认知来说,它(概念转喻)甚至可能(比隐喻)更基本"。转喻指向语境中的关系,这些语境包括相互依赖的(形态)句法成分。横向组合的重新分析伴随着转喻策略,纵向聚合的类推演变伴随着隐喻演变(Hopper 和 Traugoot,2003)。

除此之外,Traugott(1999,2000)强调主观化也是语法化的一个重要机制。所谓语言的主观性(subjectivity),是指说话人说出一段话的同时表明自己对这段话的立场、态度和感情,从而在话语中留下"自我"的印记。如果这种主观性在语言中用明确的结构形式加以编码,或者一个语言形式经过演变而获得主观性的表达功能,则谓之主观化(subjectivization)。Givón 从语法化的角度对主观化作出定义:主观化指的是"意义变得越来越植根于说话人对命题内容的主观信念和态度"这样一种语义-语用演变过程。语言不仅能表达主观性,还常常表达交互主观性(intersubjectivity)。交互主观性指的是说/写者用明确的语言形式表达对听/读者"自我"的关注,这种关注可以体现在认识意义上,即关注听/读者对命题内容的态度;但更多地体现在社会意义上,即关注听/读者的"面子"或"形象需要"(Traugott,1999)。语法化中的主观化表现在以下几个互相联系的方面:由命题功能变为言谈功能;由客观意义变为主观意义;由非认识情态变为认识情态;由非句子主语变为句子主语;由句子主语变为言者主语;由自由形式变为黏着形式(Traugott,1995)。

Bybee、Perkins 和 Pagliuca(1994)在对时、体、情态跨语言研究的基础上,归纳总结了语义演变的五种机制:隐喻性扩展(metaphorical extension)、推理(inference)(或者说是隐含义的规约化)、泛化(generalization)、和谐(harmony)和语境吸收(absorption)。它们分别在语法化的不同阶段起作用,早期主要起作用的演变机制是隐喻、推理和泛化;中期是推理、泛化;晚期是推理、和谐、语境吸收。隐喻只可能发生在语义内容还非常具体的极早期阶段。推理和泛化似乎可以是多个阶段的可能机制,尤其是推理可能是所有类型演变的一部分。当语法语素的意义不断削弱,变得更加依赖语境时,泛化就不太可能扩大了。Bybee、Perkins和Pagliuca(1994)认为语法语素意义所发生的一切变化都是由其所使用的语境导致的,要真正理解产生语法意义的演变机制,就必须分析这些演变发生时语法语素的使用情况。

6. 其他

语法化理论有两个传统研究路线。一是Bopp和新语法学派路线,这一路线将语法化当作历史语言学的一个解释参项;二是探索语言或语系的演变,以及与此联系紧密的语言共性与类型研究。从Humboldt到Givón,再到Bybee等人对跨语言语法化模式的研究,学者对语言共性和类型的探索从未间断。一个新近研究路线认为语法化的基础应该在语言结构之外寻找,造成语法化的主要因素本质上是认知,应从认知的角度解释语法化现象(Heine et al., 1991)。

语言处在不断的演化中,不是静态不变的。不管是结构分析、历史比较还是转换生成语法等方法对语法的解释都有一定的局限。语法化理论和方法的应用,给语言研究提供了一个泛时角度,不仅可以构拟语言演化的过程,对语言共时现象也具有强大的解释力,可以帮助人们更好地理解为什么人类语言都有语法,以及为什么语法采用特定的形式表达意义。

1.3 前人关于中原官话时体的研究

1.3.1 时(tense)

"时"(tense)在汉语语法研究中又称时、时制、时相等。可按参照时间是否为说话时间,将"时"分为"绝对时"(以说话时间为参照)和"相对时"(以说话以外时间为参照)。相对时包括"同时""先时""后时"("先时""后时"也可称为"异时")。绝对时按与说话时间的关系分为过去、现在、将来等。

汉语语法关于"时"(tense)的研究主要集中在普通话时范畴的研究上,包括汉语有无时态(tense)的争论也是以普通话时范畴为研究对象来论述的。很多学者认为汉语没有时范畴,关于中原官话"时"(tense)的研究更是少见。只有一些学者在研究中原官话中"着"的用法时涉及"着"表示时间/参照时间的用法,如乔全生

(1989)、吕佳(2016)分别提及在山西洪洞方言和山西芮城方言中的"着"有表示时间的作用,但都没有称之为时标记,而时标记的存在是整个时系统成立的关键。

1.3.2 体(aspect)

1. 厘清几个概念

"体"(aspect)是语法系统中非常重要的一个部分。前人学者对"体"也有很多观察角度,影响最大的是类型学家Comrie(1976)的观点。戴耀晶(1997)结合汉语研究,在Comrie(1976)的基础上,从事件角度给出了体的定义:体是观察时间进程中的事件构成的方式。学界对于体的定义已有共识,只是在不同的体的认定中有一些分歧,下面我们简要介绍几个文中涉及的体。

1) 完结体

完结体表示彻底地做完某件事,本身语义虚化,语义指向动作动词,表示动作完结。"完""光"之类的词虽然也可以表示彻底做完,但它们后置于动词时本义还未虚化,不能认为是完结体,只有语义虚化、黏着性强时,才能认为是完结体。

2) 完整体

学界关于完整体有不同定义。Comrie(1976)、戴耀晶(1997)等学者是从观察事件(或情状)①的角度来定义的:从外部把事件看作一个不加分解的整体,就其整体的性质和功能进行观察分析,就是完整体;精确地指称情状的内部时间结构,从内部观察情状,称为非完整体(或称未完整体)。戴耀晶(1997)按此将体二分为完整体和非完整体,之后完整体又可细分为现实体、经历体和短时体;非完整体又可分为持续体、起始体和继续体。在Comrie(1976)和戴耀晶(1997)的体系中,完整体和完成体之间是包含关系,完整体的主要特征是不可分解也不必分解。

一些类型学家,如Dahl(1985)和Bybee(1994)等,把完成体与完整体当作两种相互独立的体来看待(地位相同,没有包含关系)。Bybee等(1994)认为完成体、完整体和一般过去时所描述的情状均先于某个时间参照点完成。完成体表示与现

---

①Comrie(1976)提出,体是观察情状(situation)的内部时间构成的不同方式。其中,"情状"可能是一个状态、事件或过程。戴耀晶(1997)认为"情状"是针对动词说的,动词是体意义的集中体现者,但不是唯一体现者,甚至也不是体意义的承载单位。体意义的承载单位是句子,动词只有在句子中才能体现出体意义,句子中的每个要素都可以对体意义产生影响。所以考察体意义必须结合句子,句子是表述"事件"的,体是观察时间进程中的事件构成的方式。

时相关的过去动作,而过去时和完整体仅表示过去动作。过去时和完整体之间的区别是,过去时表示的过去动作所导致的状态只能存在于过去,不能持续到现在,而完整体表示的过去动作所导致的状态可以持续到现在。

完整体又可分为屈折完整体和派生完整体。屈折完整体典型地表示"一个独立事件,视作未经分析的整体……发生于过去"(Dahl,1985)。派生完整体强调某种界限已经达到,而不仅仅是将事件看作未经分析的整体。屈折完整体受限于过去时(过去情状大多数都自然地被认为是有界的),派生完整体可以用于所有时。完整体的标准可能根据不同语言而有所不同,其概念相似点在于话语功能上都表述动作的序列(Bybee et al.,1994)。

本书第三章"了"的语法化研究部分,同音词尾"了"和句尾"了"之间的区别是后者具有参照时间及根情态相关性,而前者不具有参照时间相关性,采用 Dahl (1985)和 Bybee(1994)等人的分类能更好地描写词尾"了"和句尾"了"之间的区别。故后文中的完整体,指的是把事件看作一个不加分解的整体,表示过去事件的一种体,与完成体没有包含关系。

3) 完成体

按前文所说,完成体与完整体最大的不同是,完成体具有现时相关性,从汉语的特征来说,是具有参照时间相关性。完成体表达具有参照时间相关性的已然事件。

2. 关于汉语中体(aspect)的研究存在的争论

普通话体相关研究的争论主要集中在词尾"了"表示什么语法意义上。

学界对普通话词尾的"了"有"完成体""完整体"和"表实现"三种代表性看法(除表未然和表时等争论比较多的用法之外)。

吕叔湘、朱德熙(1979)认为,"了"表行为结束,是"完成体"。

刘勋宁(1988)用一些语言事实证明了,词尾"了"不代表结束或动作完成。例如,"有了媳妇忘了娘""我们快步迎了上去"等都表示状态或动作还在继续。但刘勋宁(1988)中用"完"来检视"了"是否表"完成",金立鑫(1998)指出"完成"与词语"完"的语法意义和词汇意义都不同,不能用可否加"完"来判定是否表示"完成",提出"了"是"完成-延续"体标记。但在之后,金立鑫(2002)改变了自己的看法,转而认同"实现说"。他在刘勋宁(1988)的研究基础上,把动词分为四类:弱持续性动词(吃、写)、强持续性动词(熟悉、养)、非持续性动词(死、塌)、形容词(平、红)。根据其后有无宾语和句中主语性质考察词尾"了"在不同动词句中表现出的语法意义,金立鑫(2002)认为词尾"了"主要有三种用法:状态延续体(处所主语/非持续性动词/形容词＋了)、结束体(弱持续性动词施事主语句/动词后时段成分＋了)、行为延续体(强持续性动词施事主语句＋了)。不管是哪种用法,实现是前提。

林若望(2017)不认同金立鑫(2002)对于"弱持续性动词＋了"的解读,认为"吃了一个下午"只是表达"成为事实"而非"吃的动作结束","强持续性动词＋了"也不表示行为的持续,而是状态持续。他在回顾自己分析的基础上,提出把"了"的语法意义拆成过程与结果状态,过程是完整体,保留了实现或完成的意义,结果状态是非完整体,保留了持续的意义,除这两种体意义外,普通话词尾的"了"还有表相对过去时的意义。

Li、Thompson和Thompson(1982)提出句尾"了"由表结束的动词"了"发展而来,在句尾表完成体的功能确立后,又发展出词尾"了"表完整体的用法。陈前瑞从类型学角度出发对"了"进行了一系列研究。陈前瑞、张华(2007),胡亚、陈前瑞(2017)等认为,汉语"了"有完成体和完整体两种用法,词尾"了"以完整体为主,也有完成体的用法,句尾"了"以完成体为主,也有完整体的用法。

1.3.3 前人关于中原官话"体"的语法化研究

前人关于中原官话"体"的研究主要集中在单个方言的体系统描写上,比较有特点的研究集中在中原官话体助词"着"的语法化研究上。

"着"在上古至少有四个音韵地位,经过长期演化,在语音和语义方面都存在比较复杂的共时变体。在山东、山西、陕西、甘肃等地,"着"的语法意义复杂,功能多样,有大量关于"着"的描写及演化研究。这些文章的作者大多为本地母语者,语料比较可靠,可为本文提供材料依据。例如:乔全生(1989a,1989b,1998)关于山西洪洞"着"的描写与研究;陈明富、张鹏丽(2011)关于河南罗山方言"着"可做助词、介词、语气词的研究;吴继章(2006)关于河北魏县方言"着"与小称形式读音的分析;张建军(2007)、苏建军(2010)、王娜娜(2019)关于甘肃临夏、通渭、庄浪方言"着"的用法的研究;吕佳(2016)关于山西芮城"着"的描写及演化分析,特别是她关于"着"可表时间参照、假设条件、话题等用法的描写对于本文有重要参考作用;孙立新、阎济华(2007),孙立新(2011,2014)关于陕西户县(今陕西省西安市鄠邑区)方言"着"可表被动的用法也为中原官话"着"的语法演化提供了语料支持;王全华(2020)探讨了山东临沂方言"着"的处置用法的演化,为解决处置用法的复杂来源问题提供了重要依据。

现存关于中原官话时体语法化研究大多关注单个方言单个词语的演化,目前暂未看到关于中原官话时体系统演化的研究,也未见到以中原官话为对象,依据多点共时语料进行语法化研究的例子。

1.4 研究方法、研究目标和语料来源

1.4.1 研究方法

语法化是研究语言演化的理论方法,而必须有事实依据作为支撑,才能确认语言演化的路径,从而分析演化机制、动因、特点及其他。演化的事实证据分为历时和共时两部分。

历时语料主要从古籍语料库中获得,但它自身存在局限性。一是口语性较强的历时语料往往保留不完整(因为古籍主要采用书面语言书写,语法化程度较高的口语化表达较少出现);二是语言的演化必然伴随着语音的弱化和语义的磨损,语音弱化之后,书写形式却没有变化,所以古籍语料的书写形式和语音、语法意义的演变是不同步的。

共时语料是活的语言,有正在使用这些语言或方言的人,可以对语料进行比较深入可靠的解读,且语音的演变一目了然,对语言演化阶段的判断可以更加准确。共时语料也有缺点,单点方言可能对某一语法形式演变过程中的多种用法保留不完整,也可能有很多用法在历史中消失了,所以变体形式不丰富,不能描绘整体语法化路径。

考虑到历时语料和共时语料各有优点和局限,我们采用历时和共时相结合的方式来进行语法化研究,共时语料采用中原官话多个次方言点的共时语料综合考察,从而描绘出尽可能完整的语法化路径。

需要指出的是,共时层面采用多方言点语料描绘某一语法形式的语法化路径的方法是有其可能性和必要性的。中原官话的地理分布呈东西长条状,地域跨度大,次方言有统一性,也有多样性,中原官话内部有丰富的共时变体可用。中原官话内部各次方言来自同一古语,古语中的某一语法形式在不同次方言中有不同的演化,或保留了不同的演化变体,这些变体形式都是其本身演化可能性的一部分。我们讨论语法化路径,有必要充分考虑每种演化可能路径,从而更全面地探讨其语法化特点。

1.4.2 研究目标

研究目标主要包括两部分,即本体研究和语法化研究。

(1)本体研究:探讨汉语"时"(tense)范畴的有无;描写分析中原官话时体相关虚词用法,弥补学界相关研究的不足与空白之处。学界近些年一直有人感叹中原官话研究的缺失,笔者作为母语者,可以为学界提供比较可靠的材料。

(2)语法化研究:探讨中原官话鄢陵方言"了"的用法及其语法化;找出中原官话"着"演化的最大可能性路径并分析其中所涉及的语法化机制及动因等;比较分析中原官话时体相关用法及其演化;讨论关于语言演化的"来源决定论"的普适性问题。

1.4.3 语料来源

本书语料有三种来源:河南鄢陵方言、河南叶县方言语料来自本人内省与调查;历时语料大部分来自北大语料库,少部分来自前人文章;中原官话的其他次方言语料来自母语者的研究。来自语料库和前人研究的语料均有注明出处,未注明出处的为本人调查语料。

第二章　鄢陵方言"时"(tense)相关表达形式

时间是哲学和物理学中的一个重要概念。牛顿认为绝对时间是均匀流逝的，而爱因斯坦则提出，时间不是均匀流逝的，其流逝速度受相对论影响。20世纪以来，哲学上的"关系性时间观"渐渐壮大声势。该观点主张，绝对时间只是一种形而上学或物理学假设，我们观察到的只是在事物变迁中表现出来的时间流动。现实的时间只是变易中的诸物体的一种相互关系，绝对时间则是这种关系的抽象。与其说事物在时间中，不如说时间在事物中(陈嘉映，2017)。这种关系性时间观反映在语言上表现为：我们要理解句子事件时间，须以某一时间为参照，并且须具备表达事件时间与参照时间之间关系的手段。

Comrie(1985)从跨语言比较出发给出了判断"时"(tense)的操作性定义，即"时"(tense)是时间定位(time location)的语法化了的表达形式。由于时间是一维的，要为事件确定一个时间定位，必须找到事件时间在一维坐标轴上与参照点(参照时间)之间的关系。也就是说，时标记是表达事件时间与参照时间关系的语法手段。

现有时范畴研究大多认为，与"时"(tense)相关的有三个时间：说话时间、参照时间和事件时间。按参照时间是否为说话时间，可将"时"分为绝对时(以说话时间为参照)"和"相对时(以说话以外时间为参照)"。绝对时按事件时间与说话时间的关系，分为"过去""现在""将来"等。相对时按事件时间与参照时间的关系，分为"同时""先时""后时"("先时""后时"也可统称为"异时")。

朴珉娥、袁毓林(2019)认为绝对时是"以说话时间为参照"的相对时，相对时是绝对时的上位概念。上文提到，我们观察到的只是在事物变迁中表现出来的时间流动，对时间的认识必然是有参照的相对时间。但相对时间和相对时不同，在定义中我们就可以看到，相对时和绝对时的区别是参照时间是否是说话时间，并不是说绝对时就没有参照了。此外，以说话时间为参照的绝对时往往不需要额外指出参照时间,可以是无标记的;以说话外时间为参照的相对时则需要说明参照时间,因此很可能是有标记的。从绝对时和相对时的角度来研究"时"是有益且有用的。

关于汉语是否有时范畴,目前尚存较大争议。有些学者认为汉语没有时范畴,是无时语言;有些学者认为汉语有时范畴,是有时语言;有些学者则认为汉语是半时语言。

持"无时论"的学者大多认为,现代汉语没有显性的时标记或在时间表达上没有任何强制性,主要用"体""情态""语境"等表达"时"意义[①],是无时语言。持这种看法的学者很多,但因为他们认为汉语没有时范畴,所以在文章中对时范畴大多一笔带过,没有详细论证。例如,王力(1984)、罗杰瑞(1995)、戴耀晶(1997)等学者都只是简要地提及这一观点。曹道根、许凌春(2019)从理论角度讨论汉语的时范畴。他们认为汉语没有绝对时,因此也没有相对时,是无时语言。

持"有时论"的学者,一部分避开形式,只从语义功能谈"时",如吕叔湘(1944)、马庆株(1981)、林若望(2002)等。他们与持"无时论"的学者一样,认为汉语没有虚化了的时标记形式,但可以通过其他方式来表达时意义。另一部分学者如陈平(1988)、李铁根(1999、2002)等从"了""着""过"等体标记入手谈汉语"时"问题,把体标记"了""着""过"等当作汉语的时标记。但这种观点的问题是,这些虚词在作为时标记和体标记使用时没有语音或形式上的区分,因此很难说服持"无时论"的学者。

朴珉娥、袁毓林(2019)认为普通话词尾"了₁"处于从体标记演变为时标记的过程中,汉语是一种介于有时语言和无时语言中间的半时语言。

汉语是一个复杂概念,具有多个层次的定义,可以指称普通话,或具有亲属关系的一系列方言的集合等。前人多从普通话角度来判断汉语有无时体,他们选取北京语音作为代表,来研究汉语的时体问题。而中原官话具有历史同一性(段亚广,2012),其分布范围从西向东包括西安、洛阳、郑州、开封等历史上的政治中心,长期作为官话对其他官话方言产生了深远影响。刘勋宁(1995)指出,胶辽官话、东北官话、北京官话、冀鲁官话原来也是在中原之音影响下的周边方言。元代《中原音韵》中留下的异读是中原官话与北方官话(胶辽官话、东北官话、北京官话、冀

[①] 比如,普通话中后置的"时",如"吃饭时"可以表示参照时间义,但语音未虚化,不能与实词义的"时"区分开,因此不能看作虚词/附着成分,所以不能被认为是时标记。

鲁官话)交替的最早记录,而今天冀鲁官话、胶辽官话、东北官话以及北京官话在入声分野上的相异之处,正是新老官话斗争的结果。此外,中原官话与时意义相关的语法形式虚化程度更高,从中原官话的角度来探讨汉语有无时(tense)范畴更合适。

鄢陵县由河南省许昌市管辖,位于河南省中部。按《中国语言地图集》(2012年版),鄢陵方言属中原官话漯项片。河南鄢陵方言有四个表时意义的成分:"呵/hə^{21}/[①](或读儿化,呵儿/hər^{21}/)""时/ʂə^{21}/(或时儿/ʂər^{21}/)""了/liao^{21}/",以及一个"时候儿"的合音形式"/ʂour^{21}/"。

"时候儿/ʂour^{21}/"的实词义比较明显,并且可以单独使用,如"这个$_{读合音}$/tʂuo^{31}/时候儿/ʂour^{21}/""那个$_{读合音}$/nuo^{31}/时候儿/ʂour^{21}/",具有实词性,未虚化,所以不是时标记。

"呵/hə^{21}/""时/ʂə^{21}/""了/liao^{21}/"已虚化不能单用,后置于其他结构表参照时间同时或先时。"吃饭呵/hə^{21}/"表示"(作为参照时间的)吃饭的时候同时","睡觉时/ʂə^{21}/"表示"(作为参照时间的)睡觉的时候同时","吃完饭了/liao^{21}/"表示"(作为参照时间的)吃完饭的时候之后"。

河南鄢陵方言中,"时"作实词使用时读/ʂɿ^{52}/(阳平),如"时候儿/ʂɿ^{52}xou^{21}/""时间/ʂɿ^{52}tɕian^{21}/""小时/ɕiao^{44}ʂɿ^{52}/",作时标记使用时读"时/ʂə^{21}/"(21调是轻声,比去声31稍低一点。鄢陵方言去声31调在31调前须变为中升调24,但在轻声前不用变调,这也可以说明轻声与去声的低降调不同,要低一些),语音弱化。"呵/hə^{21}/"由原来表时意义的"后"虚化而来(后文有论述),只有虚词用法,无实词义。在此,我们用"呵"而没有采用"后"来记录这个词,一方面是因为它已经虚化,与"后"语义差别较远,另一方面是因为在元代作品中已经出现用"呵"来书写虚化了的"后"的用例。"了"表时意义时读"了/liao^{21}/",与实词"了/liao^{44}/"有明显的语音区别。

"呵/hə^{21}/""时/ʂə^{21}/""了/liao^{21}/"语音弱化,可以与它们的实词义形式区别开来;须后置于其他结构,不能单独使用;使用频率和虚化程度都很高。根据以上特点,我们可以判定它们都是虚词,属语法手段。在相对时句子中,它们表示事件时间与参照时间的关系,为被观察事件设定一个时间定位,故可视为相对时标记。

[①]鄢陵方言声调:阴平24、阳平52、上声44、去声31。轻声单说时读21调(比去声略低),处在24调(阴平)后,读42调(比阳平略低),其他情况读低降21调。

其中,"呵/hə²¹/(或呵儿/hər²¹/)"与"时/ʂə²¹/(或时儿/ʂər²¹/)"为相对时同时标记,"了/liao²¹/"为相对时先时标记。

有学者可能会提出,英语的when、while也表同时关系,但它们并不被视为时标记。例如:

(1) When I was young, we were taught not to dunk.(例句来自有道词典)
(2) I will keep you company while you are waiting.(例句来自有道词典)

英语以说话时间为参照,将"时"(tense)分为"过去""现在"和"将来",用动词屈折或虚词手段来指示事件时间与说话时间的关系,是绝对时。这两个句子都是以说话时间为参照,以动词屈折(were)或虚词手段(will)将事件时间定位在过去或将来。when或while虽然表示事件1与事件2为同时关系,但事件1的时间并不是事件2时间定位的参照时间(参照时间为说话时间),when、while不能表示事件时间和参照时间的关系,因此不是时标记。

而汉语的时既可以是绝对时,也可以是相对时。鄢陵方言的"呵/hə²¹/""时/ʂə²¹/""了/liao²¹/"用在相对时句子中,表示事件时间与参照时间之间的关系,将事件时间定位在参照时间同时或在参照时间后,有赋予事件时间定位的功能,这点与when、while有质的区别。例如:

(3) 我吃完饭了/liao²¹/过去。
(4) 吃饭时/ʂə²¹/他都_就来了。
(5) 十点呵/hə²¹/都_就弄好了。

例(3)中,"过去"不是指说话时间在"过去"。句子的参照时间是"我吃完饭","了"在此指示参照时间先于事件时间发生。例(4)句尾"了"表已然实现,不是说话时间的已然,而是"吃饭时/ʂə²¹/"的已然。"时/ʂə²¹/"在此将事件时间定位在参照时间的同时。例(5)中,"弄好了"也不是说话时间的已然,而是与参照时间"十点"同时的已然。例(1)(2)因为前句不是参照时间,所以去掉when、while小句后仍然可以成立,句子的时意义不会发生改变。而例(3)—(5)去掉"了/liao²¹/""时/ʂə²¹/""呵/hə²¹/"小句后,参照时间发生改变,句子的时意义会产生变化。

普通话中的"时"和"后"也可以表示参照时间和事件时间的关系(表达时意义),但是普通话的"时"和"后"语音尚未弱化,仍是实词,所以是词汇手段而不是语法手段,不能看作时标记。但鄢陵方言"时/ʂə²¹/""呵/hə²¹/""了/liao²¹/"语音弱化,语义虚化,用在相对时句子中表示参照时间和事件时间的关系,起到给事件设立时间定位的作用,属于时标记形式。这些表示时范畴的语法手段的存在,证明在中原官话鄢陵方言(中原官话其他很多方言中也有类似时标记)中存在时范畴,也表明"汉语是有时语言",只是汉语的"时"与英语的"时"不同,后者是绝对时三分,而前者既有绝对时也有相对时,绝对时无标记,相对时有标记。

2.1 相对时同时标记"时/ʂə²¹/"与"呵/hə²¹/"

虚词"时/ʂə²¹/""呵/hə²¹/"是相对时同时标记,不能单用,只能附在时间名词、形容词结构、动词结构后,表示事件时间与参照时间为同时关系。相应地,带相对时同时标记的结构也只能表现为参照时间义,如动词结构"吃饭"加上相对时同时标记后变为"吃饭呵/吃饭时",就会表现出时间义,且只能理解为参照时间。并且,因为相对时同时标记前面的结构会表现出参照时间义,所以添加了同时标记之后会使整个结构变得黏着而不能单用,须有以之为参照时间的事件才能成句,如"十点。""吃饭。"可以独立成句。而"*十点时/呵。""*吃饭时/呵。"不合语法,必须跟有事件才能成句,如"十点呵他都_就来了。""吃饭呵他都_就来了。"(如果单说"十点呵。"是交际双方默认省略了一个双方都知道的、以之为参照时间的事件)。

相对时的句子中参照时间必须出现。如果参照时间是一个明确的时点,那相对时同时标记"时/ʂə²¹/""呵/hə²¹/"可以不出现。例如,可用在时间名词后:"他十点呵都_就回来了_{他十点的时候就回来了}。",也可以说"他十点都_就回来了。";也可用在具有明确时间义的事件后,如"戏唱完呵他都_就回来了。",也可以说"戏唱完他都_就回来了。"这些句子中,"十点""戏唱完"等都可单独使用作参照时间,所以句中的时标记"时/呵"可以省略。其他情况下,相对时标记必须出现,不能省略(或省略后则不能凸显"参照时间-事件"关系①)。"时/ʂə²¹/""呵/hə²¹/"都表相对时同时,可自由

---

① 前后事之间具有多种解读的可能,但虚词标记使其中一种关系凸显出来,另几种解读的可能性则不被凸显。比如"下雨他不回来",中间可能有很多关系的解读可能。如果用"如果下雨,他就不回来",凸显的就是假设条件关系;如果用"虽然下雨,但是他不回来",凸显的就是转折关系。时标记在此的作用是凸显句中前后事之间的"参照时间-事件"关系。

换用,母语者一般不会感到二者有语法意义的差别。例如:

(6) 我□/kei³¹/在老家呵/hə⁴²/都就听说过你。我在老家的时候就听说过你。(鄢陵方言的轻声/21/在阴平/24/后读中降调,略低于阳平,记为/42/。"时/ʂə²¹/""呵/hə²¹/"可以换用,也可说:我□/kei³¹/在老家时/ʂə⁴²/都就听说过你。下同。)

(7) 我□/kei³¹/在那儿坐着呵儿/hər²¹/你咋不说啊？我在那儿坐着的时候你怎么不说啊？

(8) 他吃饭时/ʂə²¹/说哩。他吃饭的时候说的。

(9) 他小时/ʂə²¹/长哩可胖①,大了/liao²¹/看着不显了。他小的时候长得很胖,长大之后看不出来了。

(10) 他高兴时/ʂə²¹/你再给他说,□□/tʂen³¹ tʂər²¹/现在正难受着哩。他高兴的时候你再跟他说,现在正难受着呢。

(11) 明儿你赶会呵/hə²¹/给我买个裤子。明天你赶会的时候给我买个裤子。

(12) 我回去时儿/ʂər²¹/给你带回去。我回去的时候给你带回去。

(13) 你一会儿睡觉呵/hə²¹/叫空调开开。你一会儿睡觉的时候把空调打开。

(14) 好着时儿/ʂər²¹/好哩□/kei³¹/一个人样,吵着时儿/ʂər²¹/又恼哩□/kei³¹/啥样。好的时候好得跟一个人一样,吵的时候又恼得厉害。

(15) 吃饭呵/hə²¹/白别说话。吃饭的时候别说话。

"时"和"呵"作为相对时标记,可以附加在过去时间后,如例(6)—(9);也可用在将来时间后,如例(10)—(13);还可用在泛时时间(惯常性事件)后,如例(14)—(15)。

例(6)句中,时标记位于处所动词"□/kei³¹/在"组成的处所短语后,如果把相对时标记省略,直接说"我□/kei³¹/在老家都就听说过你",那"在老家"与"听说过你"之间就不会表现为"参照时间-事件"关系,而会被理解为"空间-事件"关系。例(7)如果省略为"我□/kei³¹/在那儿坐着你咋不说啊？"则容易被理解为"话题-述题"结构,时间关系不能被凸显。例(8)前后除了时间关系,很难有其他关系的解读,并且"吃饭"本身不能成为参照时间,所以"时"必须出现。例(9)(10)的相对时标记位于形容词结构后,表示参照时间。这些形容词结构描述的状态必须是可变的,如果形容词所描述的状态不具有可变性,或不存在达成时点,那附加时标记后也不

---

① 例(9)中的"小时/ʂə²¹/"表示"小的时候",只能表示参照时间,后面必须跟有以之为参照时间的事件。比如一般不说"*这是他小时/ʂə²¹/的事儿",而说"这是我小时/ʂə²¹/干的事儿"。"小时/ʂə²¹/"是"干"的时间参照。如果需要表示实词义的"小时候",一般说"小时候儿",如"这是他小时候儿的事儿"。

能理解为参照时间。例如,房子建成后的高度是不变的,我们就不能说"*房高时/ʂə²¹/,……",因为房子一直那么高,如果说"*房高时"会使人困惑,不知道指称的是什么时间。而人的年纪大小是可变的,所以可以说"他小时/ʂə²¹/,……";苹果的颜色根据成熟度有变化,所以可以说"苹果红时/ʂə²¹/,……"。只有具有可变性的形容词结构可以附加时标记,成为事件的参照时间。例(11)(12)(13)如省略时标记,"参照时间-事件"关系则不能被凸显,句子容易被解读为假设条件句;例(14)(15)如省略时标记,"参照时间-事件"关系也不能被凸显,会被解读为"话题-述题"关系,完全失去表示参照时间的意义。由于时间和话题之间具有紧密的联系,汉语时间词位于句首时往往也可以作话题理解,说话人想要表达的是"参照时间-事件"关系还是"话题-述题"关系,非母语者比较难辨别(有老师认为例(9)这样的句子是一个话题句)。我们可以通过对比来看得更明白一点。

(14′)a.好着时儿/ʂər²¹/好哩□/kei³¹/一个人样,吵着时儿/ʂər²¹/又恼哩□/kei³¹/啥样。

b.好着了/liao²¹/好哩□/kei³¹/一个人样,吵着了/liao²¹/又恼哩□/kei³¹/啥样。

c.好着好哩□/kei³¹/一个人样,吵着又恼哩□/kei³¹/啥样。

(15′)a.吃饭呵/hə²¹/白_别说话。

b.吃饭了/liao²¹/白_别说话。

c.吃饭白_别说话。

鄢陵方言"了/liao²¹/"是相对时先时标记,已经发生了语法化,也可以表示假设条件关系和话题(这点我们在后面讨论"了/liao²¹/"时会有详细介绍)。因为已有表示假设条件和话题的"了/liao²¹/"存在,所以"时"或"呵"的演变受到限制,没有语法化为假设条件句助词或话题标记①,只有表相对时的语法意义。例(14′)(15′)中的a句,用相对时同时标记"时/呵"时,凸显的是"参照时间-事件"关系,如"好着的时候,好得跟一个人一样""吃饭的时候不要说话"。而b、c句省略相对时同时标记或使用虚词"了/liao²¹/",则只能理解为假设条件或话题,意为"好着的话,好得跟一个人一样""吃饭的话,不要说话"。"参照时间-事件"关系表达的是

---

① 已有相对时先时标记"了/liao²¹/"语法化为表示逻辑关系和话题的虚词的情况下,限制了其他相对时标记"时"和"呵"的语法化。

"在什么情况下他们好得跟一个人一样";"话题-述题"关系表达的是"好的话好成什么样"。说话人的侧重点不同。

2.2 相对时异时标记"了/liao²¹/"

2.2.1 了/liao⁴⁴/、/liao²¹/和/lɛ²¹/

汉语关于"了"的研究非常多。由于"了"语义复杂,学界常按句法位置将"了"分为词尾"了₁"和句尾"了₂"。有人认为"了₁""了₂"是同一个词,有人认为"了₁""了₂"是两个同形异义词。关于普通话"了"的语法性质,学界至今仍有争议。

鄢陵方言中虚化了的"了"有三种读法:/liao⁴⁴/、/liao²¹/和/lɛ²¹/。其中,"了/liao⁴⁴/"表完结义,"了/liao²¹/"的核心语义是非已然达成(也可以说是虚拟实现),"了/lɛ²¹/"的核心语义是已然实现,三者有明确的语音语义区别。本章只涉及"了"的时标记用法"了/liao²¹/",关于"了/liao⁴⁴/""了/lɛ²¹/"以及"了/liao²¹/"的其他用法以及鄢陵方言"了"的语法化在第三章"了"的语法化部分有详细论述,此处暂略。

2.2.2 "了/liao²¹/"的时标记及相关用法

非已然达成义的"了/liao²¹/"位于从句词尾时,从句前后事件构成时间先后或逻辑条件关系,但此时的"了"语义指向动词结构,不涉及主句事件,不表示"参照时间-事件"关系,所以不是时标记。例如:

(16)我吃了/liao⁴²/饭都_就过去。
(17)我见了/liao²¹/他都_就害怕。

例(16)的"了/liao²¹/"语义指向动词结构"吃饭",表示"吃饭"这个事件的非已然达成,不涉及后面主句中的事件。例(17)意为"我见到他就害怕",词尾"了/liao²¹/"同样是表示事件的非已然达成,语义也不涉及后面的事件,不能看作时标记。

"了/liao²¹/"位于从句句尾,当其前结构具有时点义时,句法结构为"x 了/liao²¹/, y"(x 可以是时间名词、形容词短语或动词短语,y 是以 x 为参照时间的事件)。加"了"之后,x 只能理解为参照时间,"了/liao²¹/"表示事件 y 晚于参照时间 x 发生。虚词"了/liao²¹/"表达的是时意义,是时标记。例如:

(18) A：现在几点？
　　 B：*9点了/liao²¹/。
(19) A：几点过去？
　　 B：9点了/liao²¹/再过去。
(20) A：你啥时候儿过来？
　　 B：吃完饭了/liao²¹/。（或"吃完饭了/liao²¹/过去。"）
(21) 我到家了/liao⁴²/你再走。

例(18)对话问的是一个单纯时间而不是参照时间，因为"了/liao²¹/"会使时点被理解为参照时间义，所以不能用"了/liao²¹/"字结构回答。例(19)对话中问的是参照时间，可以用"了/liao²¹/"加在时点后表达参照时间。例(20)中也是"了/liao²¹/"附于小句后表达参照时间。参照时间一般不单用，只有交际双方默认承前省略了一个以之为参照时间的事件时才可单用。例(21)"我到家"的时点是参照时间，"了/liao²¹/"表示参照时间"我到家"先于事件"你走"，是相对时先时标记用法。如果说话人表达的是先时义，那么先时标记"了/liao²¹/"不可以省略，省略则不能表达先时关系。例如，例(20)如果去掉"了/liao²¹/"，说"吃完饭过去。"，则更倾向于理解为同时关系。

上文提到，鄢陵方言"了/liao²¹/"的核心语义是非已然达成，但是当"了/liao²¹/"位于从句句尾位置时，其达成义已经虚化，不能给参照事件增加达成时点义。我们知道，相对时先时关系的参照时间必须是一个明确的时点，以与事件时间构成先后关系。因此，"x了/liao²¹/,y"中，只有当x具有时点义时，才能成为参照时间；当x不具有时点义时，就不能理解为参照时间，此时x和y之间就不构成"参照时间-事件"关系，而只能被理解为假设条件关系，"了/liao²¹/"为假设条件助词用法。例如，"下雨了/liao²¹/都就不回去了。"中，"下雨"是一个未知情况，会不会下雨还不一定，不能作为参照时间理解，整句只能理解为逻辑关系，即"下雨的话就不回去了/如果下雨就不回去了"。

时间关系与逻辑关系联系紧密，但说话人在交际过程中往往有自己的侧重，二者相通但不相同。例如：

(22) (说话人已经知道听话人要回家，嘱咐)回家了/liao²¹/多休息一下。
(23) (说话人与听话人商量)回家了/liao²¹/就先不买菜了啊。
(24) 来了/liao²¹/再说。

对于例(22),因说话人已经知道听话人要回家,"回家"是确定发生的事情,所以只能解读为相对时先时用法"回到家之后多休息一下"。对于例(23),说话人不确定"回家"是否会发生,只能是假设条件句,"如果回家的话,那就先不买菜了(可能说话人的家在外地,如果回家,那在住地买的菜吃不完会烂掉,所以如果回家的话就先不买菜了)"。例(24)有两种解读,一种是"来之后再说",一种是"来的话再说"。这个歧义是可以依据语境或交际双方的背景知识来消除的。例如:

(25)(A将去B所在的城市旅行,二人打电话)
　　A:恁那儿冷不冷？都带啥衣裳啊？
　　B:啥都别带,这儿啥都有,来了/liao^{21}/再说。(意为来了之后如果发现少什么再买)
(26)(A要为C准备洗漱等用具,B劝阻A)
　　B:你先打电话问问他来不来,来了/liao^{21}/再说。(如果来的话再说)

例(25)中,交际双方都已确定A会来,"来了/liao^{21}/再说"只能理解为"来了之后再说",是相对时先时。例(26)中,交际双方都知道,C是否来不确定,准备洗漱用具等工作是在"来"的前提下才要做的事情,所以"来了/liao^{21}/再说"只能理解为"如果来的话再说"。

同相对时同时标记一样,相对时先时标记"了/liao^{21}/"也会使它前面的结构被解读为参照时间(在前面的结构不具时点义时解读为条件小句),从而使"x了/liao^{21}/"整个结构变得黏着,必须有以之为参照时间的事件或条件后句才合语法。例如:

(27)a.*下课了/liao^{21}/。
　　b.下课了/liao^{21}/再给你说。
(28)a.*吃饭了/liao^{21}/。
　　b.吃饭了/liao^{21}/他都过来了/lɛ^{21}/。

另外,与事件构成先时关系的参照时间一般不用否定形式来表达(否定形式一般不能表达一个确切的时点),当"了/liao^{21}/"前为否定结构时,只能解读为假设条件。例如:

(29)我吃完饭了/liao²¹/去恁你们家。(相对时)

(30)考完了/liao²¹/给你买。(相对时)

(31)到了/liao²¹/给你打电话。(表相对时或假设条件句)

(32)你去赶会了/liao²¹/给我买个椅子。(假设条件句)

(33)他遇着事儿了/liao²¹/跑哩比/phiɛ⁴⁴/谁都快。(假设条件句)

(34)你不想要了/liao²¹/给人家吧?(假设条件句)

(35)你不回家了/liao⁴²/给我打个电话。(假设条件句)

例(29)(30)中的"了"前事件都有时点义,所以前后事理解为时间关系,"了/liao²¹/"为先时标记。例(31)有两种解读:"到了之后"或"要是到了"。这个歧义可以根据语境消除。当说话双方都知道已经出发,"到"有一个明确的时点,理解为先时关系;当说话双方都知道去不去还不一定,"到那儿"只是一个可能情况,则理解为逻辑关系。例(32)中的"赶会"是一个时段而不是时点,事件是在"赶会"过程中发生的,二者不是先时关系,所以只能解读为假设条件句,"要是你去赶会了给我买个椅子"(这句话如果要凸显时间关系,应该用同时标记"你去赶会时/呵,给我买个椅子")。例(33)中的"遇着事儿"仅仅是一种可能情况,例(34)(35)中的"了"前是否定形式,也是一种可能情况,所以这三个句子也是只有假设条件句一种解读。

表假设条件关系的"了/liao²¹/"都可与"要""要是"或"都就""就"等表示假设条件关系的虚词组合使用。例如:

(36)你要是不嫌弃了/liao²¹/,就拿走吧。(假设条件句)

(37)要是考上了/liao²¹/就去上,考不上了/liao²¹/都就去打工。(假设条件句)

(38)他要不来了/liao²¹/,我都就走了。(假设条件句)

这些表示假设条件关系的"了/liao²¹/"意为"的话",在有其他表假设条件的虚词出现时可以省略,语义比时标记形式更加虚化。

"了/liao²¹/"作为假设条件助词使用,附在条件小句后,有时还可解读为话题标记。例如:

(39)放假了/liao²¹/(我约摸着)都就晚了/lɛ²¹/。

(40)你不吃羊肉了/liao²¹/,还有一个_读合音_/juo⁵²/鸡子_鸡_。
(41)去了/liao²¹/有去哩_的_好,不去了/liao²¹/有不去哩_的_好?
(42)是他了/liao²¹/还管_可以_试试。

例(39)—(42)中,前句不是后句的条件,理解为话题(双方已知信息)更合适。例(39)中的"放假了"后可以插入"我约摸着",表明"放假了"是话题。例(40)中的"不吃羊肉"不是"还有一只鸡"的条件,而是句子的已知信息,为后面的句子提供一个语义理解的基础。例(41)中的(42)"了/liao²¹/"后结构也都是用来描述"了/liao²¹/"前话题的,也都是比较明显的话题句。

2.2.3 同时标记和先时标记的对比

同时标记前的参照时间可以是时点或时段,先时标记前的参照时间只能是时点。例如:

(43)我放假呵/hə²¹/去找你。
(44)我放假时/ʂə²¹/去找你。
(45)我明儿都_就_放假,放假了/liao²¹/去找你。
(46)我吃饭呵/hə²¹/给_跟_他说。
(47)我吃饭时/ʂə²¹/给_跟_他说。
(48)我吃饭了/liao²¹/给_跟_他说。
(49)明儿你赶会呵/hə²¹/给我买个裤子。
(50)明儿你赶会了/liao²¹/给我买个裤子。

例(43)(44)用相对时同时标记表达,参照时间有可能是时点"放假开始时"或时段"放假期间"。例(45)的参照时间是"放假开始的时点"(这个例句也可以理解为假设条件关系:"如果放假的话就去找你")。例(46)(47)中的"吃饭的时间"是一个时段,用同时标记表达,可以理解为事件发生在参照时段的同时。而例(48)"我吃饭了给_跟_他说。",不能确定是吃饭开始时间早于事件时间,还是吃饭结束时间早于事件时间,会造成费解,所以不能理解为先时关系。也就是说,相对时先时标记"了/liao²¹/"所在的句子不能以时段为参照时间,这个句子只能理解为假设条件关系。例(49)(50)中的"赶会"是一个时段,句子如果想表达"参照时间-事件"关系,只能用相对时同时标记,如例(49)。而例(50)就只能理解为"如果赶会的话就给我买个裤子"。

2.3 一个演化斜坡:相对时标记>假设条件助词>话题标记

鄢陵方言"了/liao²¹/"位于从句句尾可表参照时间、条件小句或话题,与其最初的非已然达成义相关,也与前句尾这个句法位置有关。前句尾句法位置的虚词容易关涉两个事件,标明两个事件的关系。同时,这个句法位置的成分常常作为跨小句成分连接两个事件/状态,前事很容易理解为后事的时间参照或条件。与"了/liao²¹/"用法相似的还有山西洪洞、芮城等地表相对时同时关系的"着"。吕佳(2016)的研究显示,山西芮城的"着"位于前句尾,也有表时间、假设、话题的用法,用例节选如下。

(51)夜过_{昨天}我来着,还好好的。(表时间)(吕佳[2016]用例)
(52)等天晴唠着咱就走。(表时间)(吕佳[2016]用例)
(53)你五岁着叫狗咬过。(表时间)(吕佳[2016]用例)
(54)早早叫票买唠着,这会儿不是就不紧张啦。(假设)(吕佳[2016]用例)
(55)爱吃唠着就多吃些。(假设)(吕佳[2016]用例)
(56)红的唠着也能行,就怕丽丽不愿意。(话题)(吕佳[2016]用例)
(57)我唠着到没索什么,就看人家咧。(话题)(吕佳[2016]用例)

曹国安(1996)、江蓝生(2002)、龙国富和叶桂郴(2005)还提到中古至宋元时期的"时"可以表示假设条件关系。江蓝生(2002)还讨论了"时"和"后"从表示时间到假设关系,再到成为话题标记的语法化过程。但她认同太田辰夫关于"呵"的看法,认为"呵"跟"后"没有来源关系,理由是:表假设条件和话题标记的"后"是由时间词虚化而来,而"呵"本身就是语气词,作话题标记或表示停顿是语气助词本有的语法功能,且文献中有"呵"和"后"共现的情况。例如:

(58)时来呵铁也争光;运去后黄金失色。(《金凤钗》三折)(江蓝生2002用例)

但是语法化不同阶段的形式可能同时存在,新形式的产生也不意味着旧形式的消亡,表示相对时的"后/hə/"可以与表示"前后"的"后/hou/"同时存在;"呵"作为一个相对时标记,在并列结构中与其他表时间的词同现是很常见的现象,所以不能因为有"呵""后"共现的情况就认为二者不同源。鄢陵方言中"呵"只有表相对时同时的用法,不是语气词。从语法化的单向性来说,不太可能从语气词演变为表时意义的标记,所以"呵"并不是"本身就是语气词"。例如:

(59)来呵/hə21/啥也没有_{读合音}/mou44/拿,走那个_{读合音}/nuo31/时候儿大包儿小包儿哩。

(60)比赛呵/hə21/啥都白_别想,回家了/liao42/再说。

(61)干活儿呵/hə21/看不见他,吃东西时/ʂə21/比/pʰiɛ44/谁都积极。

江蓝生(2002)认为,"后"演变成假设语气词,自元代渐渐融入功能更广的语气词"呵",从而被"呵"吸收、取代,所以"后"变得多余,最后消失了。但是,如果"呵"只是语气词,与假设语气词"后"融合后也应该只有表假设和话题的用法,不能继承"后"表相对时的用法。而例(59)—(61)都是表示相对时关系的用法,不是语气词用法。根据"呵"在鄢陵方言中可表相对时,以及金代《董西厢》中表假设的"后"在元代王实甫《西厢记》中都写作"呵"(江蓝生,2002),我们推测表相对时的"后"在元代时因语法化程度的加深,语音已经弱化为"呵"的形式(元音央化是语音弱化最常见的形式),这导致元代"呵"字使用频率大大增加,书写形式"后"渐渐退出使用。

"时""后(呵)"在元代一些文献中已经语法化为假设条件助词及话题标记,但在鄢陵方言中,"时/ʂə21/""呵/hə21/"只能作为相对时同时标记,不能作为假设条件助词或话题标记。这是因为鄢陵方言中,已有一个时标记"了/liao21/"语法化为假设条件助词和话题标记,所以限制了"时/ʂə21/""呵/hə21/"向假设条件助词和话题标记的演变。

吕叔湘(1944)指出,两件事情的同时或先后出现,可能是偶然的,也可能是非偶然的:前者是纯粹时间关系,后者往往含有条件关系,尽管用的连系词还是时间方面的。

前人关于假设条件小句与话题之间关系的研究也比较多。Haiman(1978)认为,条件小句和话题在语义和功能方面的定义非常相像,二者都是已知信息,都是为下面的话语提供框架,可以说"条件小句就是话题"。Ford 和 Thompson(1978)以英语的话语分析为基础,基本同意条件句有话题功能的看法,但认为只有前置的条件句才有明显的话题功能。Gundel(1988)从语言共性的角度解释了话题标记经常同时用作条件句和关系从句标记的情况(转引自徐烈炯、刘丹青,2018)。

徐烈炯、刘丹青(2018)在讨论上海话用提顿词"末"(话题标记)时指出,上海话使用提顿词表示条件关系,不是个别提顿词的偶然兼用现象,而是整个提顿词类的系统性功能。江蓝生(2004)指出,"的话"是从话题标记扩展为假设助词的,"时"是从假设标记扩展为话题标记的。由于话题跟条件小句本质上的一致与相通,二者的句法功能殊途同归。汉语中的假设条件助词和话题标记之间语法化程度相差应该不大(或等同),二者之间的演化是双向的。

鄢陵方言中的先时标记"了/liao^{21}",以及中古至宋元期间表时间关系的"时""后"和山西洪洞芮城等地表时间关系的"着"都有假设条件助词和话题标记用法,且时间关系蕴含逻辑关系,条件小句与话题又有某种同一性。我们可以推测,汉语存在一个"相对时标记＞假设条件助词＞话题标记"的语法化斜坡。所有表示"参照时间-事件"关系的虚词(时标记)都有进一步演化的潜在趋势,但在同一个语法系统中,可能只有一或两种时标记形式会发生类似演化,其他时标记的演化会受到系统限制。

另外,江蓝生(2002)认为,"后"表假设和话题标记是"时"的类推。但鉴于时间关系往往包含着条件关系,而假设句与话题又具有高度一致性,且古代汉语和现代汉语方言中的几个与"时"相关的虚化程度很高的成分"时""后(呵)""了/liao^{21}/""着(这里指山西芮城话的"着",普通话的"着",不是时标记)"都有假设条件助词和话题标记的用法,"后"表假设和话题标记应该是自身用法的推理演变,而不是从其他虚词的相关用法类推而来。

2.4　鄢陵方言时标记系统

英语句子的"时(tense)"是以说话时间为参照的绝对时,按事件时间与说话时间的关系三分为过去、现在、将来,用动词屈折和虚词手段来表达时意义。中原官话鄢陵方言的"时(tense)",第一级首先以参照时间是否为说话时间二分为绝对时和相对时,而后相对时二分为同时和先时。鄢陵方言中的绝对时无标记,借用体助词表示事件是否在说话时间已然;相对时有标记,相对时同时标记"时""呵"与相对时先时标记"了"共同构成了鄢陵方言的时标记系统。

不同语言对事件时间的定位方式不同,英语对事件时间认知的坐标轴的参照点是固定的,只能以说话时间为参照;汉语对事件时间认识的坐标轴的参照原点可以是任意一个确定的时间,可以是说话时间,也可以是说话外时间。这种对时间观察的一元参照点和多元参照点的认知模式,在多大程度上影响了说英语或汉语的人对事件及对世界的认知,需要更多的田野调查和认知实验证据才能进一步阐释清楚。但毫无疑问,不同的事件时间认知模式反映了说这些语言的人的不同思维模式。

另外,朴珉娥、袁毓林(2019)认为普通话体标记"了$_1$"开始发生从体标记到时标记的演变。林若望(2017)认为体标记"了"的虚化有可能是往更高的时标记演化,可能在未来几百年会完全虚化为时标记。但中原官话(鄢陵方言中用"了/liao^{21}/"表相对时的现象在中原官话很多方言中都有)中表相对时的"了"的读音与其完结义的发音更接近,体标记"了/lɛ^{21}/"的读音弱化程度比时标记更高,所以"了"的时标记用法不太可能是从完成体/完整体"了/lɛ^{21}/"虚化而来。

中原官话在历史上对其他汉语方言有广泛影响,对现代普通话的形成也起到了重要作用,是普通话基础方言之一。普通话中的"了"不是正处在向"时"演变的进程中,而是时标记"了"的语音进一步弱化,最终与体标记"了"完成语音上的合流。一般来说,时标记的语法化程度比体标记更高,但是"了/liao^{21}/"的语音弱化程度却比体标记"了/lɛ^{21}/"低一些,这是因为二者分别处于"了"的不同演化分支上,不具有直接演化关系。关于这点,我们在接下来的第三章会有详细讨论。

第三章　鄢陵方言"了"的语法化

"体"(aspect)一直是学界研究的重点和热点内容。从吕叔湘(1942)、高名凯(1948)、赵元任(1968)等先生开始,几乎所有语言研究者都对汉语体范畴进行过或多或少的描述和归类分析。大家都比较认同的一点是,"体"是对事件进程(事件进程必然跟时间有关)的观察。本书第一章介绍过"体"的概念,我们采用的是戴耀晶先生(1997)给"体"下的定义:"体是观察时间进程中的事件构成的方式。"

中原官话中与体意义相关的虚词有"了/liao⁴⁴""了/liao²¹""了/lɛ²¹""着/tʂuo²¹""着哩/tʂuo²¹li/""过""给那儿/kei⁵² nar/……哩""正……哩""……哩""开/kʰai²¹""上/ʂaŋ²¹""起/tɕʰie²¹""下去""下"等,另外重复形式也经常被用来表示体意义。本书主要关注时体的演化问题,我们以汉语中最常见、用法争议最大、共时变体最多的"了""着"为例,考察中原官话与"体"有关的语法化。本章主要关注鄢陵方言"了"的演化,第四章将从跨方言角度分析中原官话"着"的演化。

对于汉语中"了"的研究大多是从普通话角度进行的。虚词"了"在普通话中只有一个读音,学界多按位置不同将"了"分为词尾"了₁"和句尾"了₂",而后分别讨论它们的语法意义。有人认为"了₁""了₂"是同一个词的语法变体,有人认为"了₁""了₂"是两个语法成分。关于普通话"了"的作用与分合,学界还有争议。中原官话普遍存在"了"读音三分现象,三种读音的"了"又分别有词尾和句尾用法,普通话"了₁""了₂"的分法不适用于中原官话。从演化的角度来说,相同语音所代表的语法变体间的演化距离更近,下文我们以不同语音为标准,将"了"分为/liao⁴⁴/、/liao²¹/、/lɛ²¹/三类,分别讨论它们的语法化,并进一步进行综合分析。

本章首先描写鄢陵方言中不同语音的"了"的用法,然后从不同的用法出发,分组考察历时语料,再结合出现时间、语音弱化程度及语法化程度高低来分析鄢陵方言"了"的完整语法化路径①。

3.1 鄢陵方言"了"的用法

普通话不同语义的"了"语音相同,往往会使句子产生歧义。鄢陵方言中"了"语音三分,因为有语音区别就不会产生歧义。例如:

(1) a.吃了。(普通话)b.吃了/liao^{21}/。c.吃了/lɛ^{21}/。
(2) a.把碗洗了。(普通话)b.叫碗洗了/liao^{21}/。c.叫碗洗了/lɛ^{21}/。
(3) a.下雨了,就不去了。(普通话)b.下雨了/liao^{21}/,就不去了。c.下雨了/lɛ^{21}/,就不去了。

例(1)—(3)的a句用普通话表达都有歧义。例(1)a句在普通话中有可能是表示已然事件,也有可能是一个祈使句,表示命令某人吃。在鄢陵方言中,祈使是非已然事件,用"了/liao^{21}/"来表达,如b句;已然事件用"了/lɛ^{21}/"来表达,如c句。语音语义不同,不会有歧义。例(2)a句有可能是已然事件"(已经)把碗洗了",也有可能是命令。鄢陵方言中陈述已然事件用"了/lɛ^{21}/",表非已然事件用"了/liao^{21}/",在口语中也不会产生歧义。例(3)普通话"下雨了,就不去了。"有两种歧义:"(外面已经)下雨了,就不去了。"或"(如果)下雨了,就不去了。"前者在鄢陵方言中用"了/lɛ^{21}/",后者用"了/liao^{21}/"。值得一提的是,例(1)普通话的"吃了。",有可能是词尾"了",也有可能是句尾"了"。鄢陵方言中"了"读"了/liao^{21}/"时只能理解为词尾位置的"了",因为如果将宾语补出还原的话,宾语位于"了"之后。

鄢陵方言"了/liao^{44}/"核心语义表完结(包括已然和未然),位于词尾为完结体,位于小句尾表参照时间义(但语音未虚化且完结义明显,一般不看作时标记);

---

① 操作方法举例:某语法形式有两个读音a、b。它们分别有不同的语法变体a1、a2、b1、b2,因为读音相同,我们可以确定a1和a2的演化距离更近,b1和b2的演化距离更近。在对不同读音的语法变体分组分析之后,再从历时证据和其他考量出发确定不同读音之间的演化关系。比如,可以分组分析得到a1→a2和b2→b1,之后考察发现b1出现的时间早于a1,且a1虚化程度高于b1,那就有可能是b2→b1→a1→a2的演化路径。若a1出现时间早于b1,晚于b2,那有可能是b2的演化出现了分支,从b2演化出了b1和a1,而不可能是单链的b2→a1→b1→a2(这种情况是不可能发生的。比如,不可能是从/liao/演化为/lɛ/,又演化为/liao/)。实际情况可能更复杂,此处只是对操作方法举例,具体分析见下文。

"了/liao²¹/"核心语义表非已然达成,位于词尾为派生类完整体用法,位于从句句尾为相对时先时标记、假设条件助词或话题标记用法;"了/lɛ²¹/"核心语义表已然实现,位于词尾为屈折类完整体,位于句尾为完成体。下面我们从不同语音出发,将鄢陵方言的"了"分为完结义"了/liao⁴⁴/"、非已然达成义"了/liao²¹/"和已然实现义"了/lɛ²¹/"三组分别考察其语法性质。

3.1.1 完结义"了/liao⁴⁴/"

"了/liao⁴⁴/"表完结,有动词和完结体两种用法。

"了/liao⁴⁴/"作动词,语义指向受事,可单独做谓语中心语。例如:"这个读合音/tʂuo²⁴/事儿就算了/liao⁴⁴/了/lɛ²¹/"或"了/liao⁴⁴/事儿了/lɛ²¹/"。这里的"了/liao⁴⁴/"作谓语,语义指向受事"事儿"。受事可据上下文省略,如"总算了/liao⁴⁴/了/lɛ²¹/"。

"了/liao⁴⁴/"位于词尾位置时,黏着性增强,动词与"了/liao⁴⁴/"之间不可插入其他成分。若有副词修饰,须放在"V＋了/liao⁴⁴/"结构前。这点与唐五代时期"子胥哭已了"等用法有根本区别,说明鄢陵方言词尾"了/liao⁴⁴/"虚化程度比唐五代时期更高。例如:

(4)你可总算吃了/liao⁴⁴/饭了/lɛ²¹/。
(5)我早都吃了/liao⁴⁴/饭了/lɛ²¹/。

例(4)(5)中,"可""早""都"等副词只能位于动词前,不能位于"了/liao⁴⁴/"前。"了/liao⁴⁴/"与动词的关系比唐五代时期的"V＋了完结义"紧密。句子的宾语为动词"吃"的受事,"了/liao⁴⁴/"本身不能带受事。鄢陵方言词尾的"了/liao⁴⁴/"黏着性增强且失去带受事功能,动词性已然磨损,其语义指向动词,仅表示动作情状的完结。

词尾"了/liao⁴⁴/"没有完句功能,"V＋了/liao⁴⁴/＋O"须加完句成分才可成句。宾语一般须为有定,可提前为话题或省略。例如:

(6)a.*我吃了/liao⁴⁴/饭。　　b.我吃了/liao⁴⁴/饭了/lɛ²¹/。
(7)a.活儿我干了/liao⁴⁴/了/lɛ²¹/。　　b.我干了/liao⁴⁴/了/lɛ²¹/。
(8)a.我吃了/liao⁴⁴/这顿饭再说。　　b.*我吃了/liao⁴⁴/一顿饭再说。

例(6)a句缺少完句成分,b句加上完句成分才合语法。例(7)a句宾语提前为话题,b句受事省略。例(8)a句宾语有定才合语法;b句宾语无定,语义费解。

吴福祥(1998)认为,普通话词尾"了"的语法化经历了结果补语和动相补语阶段。因为鄢陵方言词尾"了/liao^{44}/"声调未弱化,所以可能会有人认为它是一个补语性质的"了"。根据吴福祥(1998)对"结果补语""动相补语""完成体助词(指的是词尾"了$_1$")"的对比分析①,可知鄢陵方言词尾"了/liao^{44}/"不宜看作结果补语或动相补语,而应看作一个完结体助词。

首先,"我吃了/liao^{44}/饭了/lɛ^{21}/"中的"了/liao^{44}/"描述的是动作/状态的完结,而不是动作的结果。"吃"完结了,"饭"不一定光盘,"了/liao^{44}/"语义指向动作而不是施事或受事。不能用结构助词"得"使其变成组合式状态补语结构,比如不能说"*吃得很了/liao^{44}/"(结果补语"吃饱"可以说"吃得很饱")。因此,词尾"了/liao^{44}/"不是结果补语。

其次,词尾"了/liao^{44}/"与体助词一样,可以用在动结式后,如"你吃完了/liao^{44}/饭再出去。"而动相补语不能用在动结式后;动相补语能用可能式表达,而"了/liao^{44}/"的可能式表达的意思与其完结义无关,不能算是其完结义的可能式。例如,"你喝了/liao^{44}/喝不了/liao^{44}/啊,喝不了/liao^{44}/都$_{就}$白$_{不要}$强喝。"中,"喝不了/liao^{44}/"表达的是没有能力喝(酒),有可能是过敏或其他原因导致"喝不了酒",而不是不能喝完酒,不能算是完结义的可能式。"V了/liao^{44}/"可以加句尾"了/lɛ^{21}/",但不能加词尾"了/lɛ^{21}/",可以说"他吃了/liao^{44}/了/lɛ^{21}/。"或"他吃了/liao^{44}/饭了/lɛ^{21}/。",但不能说"*他吃了/liao^{44}/了/lɛ^{21}/两碗饭了。",而动相补语可以说"他吃完了/lɛ^{21}/两碗饭了。"所以,鄢陵方言的词尾"了/liao^{44}/"不宜看作动相补语。

综上,我们认为,将鄢陵方言的词尾"了/liao^{44}/"看作完结体而不是结果补语或动相补语更合适,而且将其看作完结体也更便于做语法化的横向类型学比较分析。

---

① 吴福祥(1998)的研究显示,结果补语的基本语义是表示动作的结果,具有潜在的表述功能,这种表述功能通过动补结构的变换形式得以实现,如"小王喝醉了酒——小王喝酒,小王醉了"。结果补语的语义指向可以是施事、受事或谓语动词。含有结果补语的动补结构通常有扩展形式,可以通过引进结构助词"得"变成组合式状态补语结构,如"吃饱——吃得很饱/吃得饱极了"。含有动相补语的动补结构,可以在动词和动相补语之间插入"得/不"变成可能式动补结构。但动词和完成体助词之间不能插入"得/不"变成可能式,完成体助词可以用在动结式动补结构后、宾语前,如"气死了周瑜"。动相补语常兼有结果义,一般不用在动结式之后、宾语之前的位置。"动词+动相补语"格式可以后接完成体助词(吴福祥[1998]中的完成体指的是词尾"了$_1$"),如"逮着了耗子",而"动词+完成体助词"之后不能再出现同类助词。动相补语可以表达焦点信息,能念焦点重音;完成体助词不能表达焦点信息,不念焦点重音。

3.1.2 非已然达成义"了/liao²¹/"

鄢陵方言"了/liao²¹/"表非已然达成义,有主句词尾、从句词尾和从句句尾三个语法位置。"了/liao²¹/"位于主句词尾位置时,句子的宾语往往因为完句等原因提前,使"了/liao²¹/"落在句末位置从而获得完句功能,但句末位置的"了/liao²¹/"仍是词尾"了/liao²¹/",被提前或省略的宾语如果还原,须放在"了/liao²¹/"后的位置。从句词尾"了/liao²¹/"语义指向动词结构,从句句尾"了/liao²¹/"语义涉及从句和主句之间的关系。普通话的"了"也有表非已然达成义的情况(事件时间晚于参照时间,是参照时间非已然事件),也有主句词尾、从句词尾和从句句尾三个句法位置。有学者认为普通话表非已然的"了"是动相补语,并据此认为官话方言中表非已然的"了"也是动相补语。对此我们要说的是,普通话和官话方言中表非已然的"了"都不是动相补语。

赵元任先生(1968)提出动相补语(phase complements)的概念,认为汉语中有一些表示动词中动作的"相"(phase),而不是动作结果的补语,称为动相补语。当表动相的补语读轻声时,其元音也会弱化,此时就变成了表"体"(aspect)的后缀。从该表述可以看出,动相补语和体标记都是对动作阶段的观察,二者的区别就是有没有语音弱化。赵元任先生所列出的表示动相的补语包括上声完结义的"了 liǎo"(赵先生指出"了 liǎo"和"了 le"是两个不同的语素)。与此同时,赵元任(1968)明确提到,"辞了行再动身""这门没关紧,把门关紧了"这些句子中的"了"是表完整体(perfective aspect)的后缀。也就是说,赵元任先生并不认为这些非已然句或祈使句的"了"是动相补语。很多人说赵元任先生认为普通话表非已然的"了 le"是动相补语,这一点我们不能认同。按赵先生的说法,表非已然的"了 le"轻声并且元音弱化,是表"态"(aspect)的后缀,而不是动相补语。

马希文先生(1982)谈到,北京话祈使句中"了·lou"的功能是用在动词后做补语,马先生认为其中一个重要原因是"V 了 lou N 了 le"与"VCN 了 le"结构平行,"V 了 lou"和"VC(C 为补语)"功能相同。但我们也可以说"吃了两碗饭了""栽好两棵树了",这里的"了 le"和"好"也是同样的位置,但一般不把表已然的词尾"了₁"看作补语。马希文先生认为,"把"字句的结构为"把NVC",所以当"了 lou"出现在"把"字句时,占据的是补语位置。但我们观察"把"字句,可以看到"把"字句并不要求句子一定出现补语。比如"你把作业写写",这里的"写写"是动词重叠的短时体而不是补语。"你把饭吃了 lou"中,词尾"了 lou"也是给动词增加了体意义。我们可以从下面的例句看到,非已然"了 lou"并不在补语位置。例如:

(9)你把话说清楚了 lou!(祈使句)
(10)你把话说清楚了 le。(陈述句)

例(9)的事件时间晚于说话时间。若有根情态,只能位于"把话说清楚了 lou"的外层,"你丨要丨丨把话说清楚了 lou!"中的"了 lou"是非已然"了"。例(10)是普通话"了₁"和"了₂"的叠加。这两个例句动词的补语都是"清楚","了 le"和"了 lou"都在补语后位置,是对动作阶段的观察,并且语音都已弱化,二者都是体助词。

吴福祥(1998)分析了动相补语、结果补语和体标记的不同,并提出:含动相补语的动补结构,可在动词和动相补语间插入"得/不",变成可能式动补结构,而动词和完成体助词(如"了₁")之间不可以;动相补语通常兼有结果义,所以一般不用在动结式之后、宾语之前的位置,而完成体助词(如"了₁")可以;"动词+动相补语"格式后可接完成体助词,如"逮着了耗子",而"动词+了₁"之后不可以出现同类体助词。我们来看非已然"了"的情况。

(11)我想吃了那些苹果。
(12)鱼离了水不能活。
(13)等我吃完了,就去找你。

以上分别是普通话主句词尾、从句词尾和从句小句尾三种情况的非已然"了"的用法示例。这三种情况都不能在动词和"了"之间插入"得/不"(普通话可插入"得/不"的"V 了"是上声的"了 liǎo",而不是轻声的"了 le")。但这三种情况的非已然"了"都可以用在动结式之后,如"我想把那些苹果吃光了。""你先把衣服洗干净了。""鱼离开了水不能活。"等。这些"动词+了"之后也不能再出现同类体助词。从这些分析可以看出,非已然"了"与动相补语差别较大,而与体助词"了₁"性质相近。赵元任先生和吴福祥先生对动相补语的定义有差别,但无论是在哪种定义下,普通话中的非已然"了"都不是动相补语,鄢陵方言中表非已然达成义的"了/liao²¹/"也不是动相补语。

下面我们分词尾(包括主句词尾和从句词尾)和从句尾两部分讨论鄢陵方言中"了/liao²¹/"的语法性质。

1. 词尾"了/liao²¹/"

1)主句词尾"了/liao²¹/"

鄢陵方言中非已然达成义的"了/liao²¹/"用在主句中只有词尾一个句法位置,宾语一般会省略或移位到动词前面。肯定句中"了/liao²¹/"紧跟动词;否定句的动词结构往往带有结果义成分,"了/liao²¹/"放在结果义成分之后。例如:

(14)你叫衣裳洗了/liao²¹/。
(15)白_别_叫他跑了/liao²¹/。
(16)白_别_吃光了/liao²¹/。

例(14)的宾语"衣裳"可以省略或用处置介词"叫"提前,宾语提前后,词尾"了/liao²¹/"落在句末,拥有了完句功能。如果宾语没有省略或提前,那整个句子就会因缺少完句成分而不合语法。如"*你洗了/liao²¹/衣裳。"例(15)的宾语"他"用介词提前;例(16)可以补出宾语"白叫东西吃光了。"这些宾语如果还原,位置须放在"了/liao²¹/"之后,如"别跑了他""别吃光了这些东西"。所以这些句子的"了/liao²¹/"虽落在句末,但其句法位置仍是词尾。

主句词尾"了/liao²¹/"将有界事件作为一个整体进行观察,不关注事件的内部进程。词尾"了/liao²¹/"所在的动词结构的宾语必须有定,也就是说,动词结构表达的须是一个具体有界事件才能用词尾"了/liao²¹/"。比如,"那个苹果"是有定名词短语,指称一个固定的东西,它的第一口和最后一口都是确定的事件,所以"叫那个苹果吃了"即使是非已然事件也是有界的。而宾语无定的非已然事件,时间终点会很模糊,就无法将其作为一个整体进行观察,这点无论是普通话还是鄢陵方言都是一样的,所以不能说"*我想吃了一个苹果"只能说"我想吃了那个苹果"。主句词尾"了/liao²¹/"所在句子的参照时间可以是过去、现在或将来,表达过去非已然达成、现在非已然达成或将来非已然达成。例如:

(17)我夜儿个_昨天_本来还想叫衣裳洗了/liao²¹/哩。
(18)你明儿个_明天_叫那个树砍了/liao²¹/。
(19)a.*小王叫他骗了/liao²¹/。 b.小王叫他骗了/lɛ²¹/。

例(17)的参照时间是过去,事件是过去非已然事件,所以可带根情态词"想"。例(18)的参照时间是将来,事件是将来非已然事件。例(19)a句虽然宾语有定,但

"骗他"这个事件很难界定达成状态,是"他"相信一点点虚假信息叫"骗他"达成,还是"他"完全相信虚假信息叫"骗他"达成,这点是很模糊的。因此,由于动词语义的复杂性,这个事件如果是非已然事件,很难理解为一个有界事件。a 句不是有界事件,所以不能用"了/liao²¹/"表达。b 句的"了/lɛ²¹/"给事件增加了已然实现义,事件是参照时间已然事件。我们知道过去事件因时间原因天然有界,所以 b 句可以用"了/lɛ²¹/"表达,语义上可理解,形式上合语法。

完整体(perfective)表示一个独立事件作为一个未经分析的整体被观察,在时间上有界。而鄂陵方言中,主句词尾的"了/liao²¹/"语义指向动词结构,表动词事件的非已然达成,不关注事件内部进程,是在时间维度上将有界事件作为一个整体进行观察,符合完整体的定义。同时,大多数学者承认汉语中表已然实现的词尾"了"也是完整体用法(在鄂陵方言中表已然实现的词尾"了"读作"了/lɛ²¹/")。

很多汉语官话方言中表已然和非已然的"了"有读音区别。鄂陵方言中"了/liao²¹/"表非已然达成,要求动词的宾语有定,动词结构前可带根情态词,而表已然实现的词尾"了/lɛ²¹/"后的宾语不需要有定,动词结构前不可以带根情态词。这两个词尾完整体"了"有方言语音、语义和句法结构上的区别,并且各自分别还有句尾或从句句尾的同形同音异义的"了"与其具有更近的演化距离。所以不论是从共时分析还是历时演变的角度来说,都不能把二者看作同一个词。这也意味着,汉语中同时存在两种完整体形式。

Dahl(1985)、Bybee 等(1994)提到,世界语言的完整体有不同类型,来源于完成体的完整体更易演化为屈折完整体,来源于界限义的完整体更易演化为派生完整体。屈折完整体是典型的完整体,表示"一个独立事件,视作未经分析的整体……发生于过去"。而派生完整体则不必受限于过去时(如斯拉夫语、日语、现代希腊语和一些班图语的完整体可以表示非过去事件),并常会添加完整体之外的意义,比如附加某种界限已达到的意义,与完结体意义相似。从不同完整体的对比来看,非已然词尾"了/liao²¹/"表过去、现在、将来非已然,并给事件附加达成义,符合派生完整体的定义。另外,表已然的词尾"了"一般表示过去事件,符合屈折完整体的定义,二者在汉语中同时存在并形成对立。关于已然词尾"了",稍后会有详细介绍。

汉语中,这两种完整体都是用虚词手段表达,不适用"派生""屈折"这种区分,考虑到非已然"了"在表达完整体意义的基础上,给事件添加了非已然达成义,我们可以称之为"派生类完整体"或按语义称之为"达成体"。

2) 从句词尾"了/liao²¹/"

带词尾"了/liao²¹/"的从句一般用来表示时间/逻辑次序或伴随方式,从句一般不含有时体特征,其参照时间和情态以及事件已然与否都与主句保持一致。例如:

(20)a.他吃了/liao²¹/亏都_就回来了/lε²¹/。b.他上次吃了/liao²¹/亏都_就回来了/lε²¹/。c.他以后吃了/liao²¹/亏都_就回来了/lε²¹/。

(21)a.遮了/liao²¹/脸吓他。b.我夜儿个_{昨天}本来想遮了/liao²¹/脸吓他,后来忘了。c.我明儿个_{明天}再遮了/liao²¹/脸吓他。

例(20)表示逻辑顺序,例(21)表示方式。带从句词尾"了/liao²¹/"句子的参照时间可以是过去、现在或将来。若参照时间为现在或将来,从句及主句均为非已然,如例(20)(21)的a、c句;若参照时间为过去,主句可以是已然或非已然,从句与主句保持一致,如例(20)b句为过去已然事件,例(21)b句为过去非已然事件。

这些从句词尾"了/liao²¹/"语义均指向动词结构本身,表从句事件的达成,从句事件作为一个未经分析的整体与后面的主句事件产生联系。又因为它的参照时间不限定在过去(可以是过去、现在或将来),与主句词尾"了/liao²¹/"的语法性质一致,可以看作达成体在从句中的应用。

2. 从句句尾"了/liao²¹/"

鄢陵方言从句句尾"了/liao²¹/"的用法在本书第二章2.2.2小节中有详细描写。"了/liao²¹/"用在从句句尾,可以表示时间或逻辑次序,在表示时间次序时,前句时点为后句参照时间,"了/liao²¹/"表示参照时间先于事件时间发生,是一个相对时先时标记;表逻辑次序时,"了/liao²¹/"表示前句是一个非已然事件,即为一个假设条件,前后句形成假设条件关系,此时"了/liao²¹/"可以认为是一个假设条件助词。正如我们在本书第二章提到的那样,假设条件小句往往可以当作话题,当"了/liao²¹/"的前后逻辑关系比较弱的时候,"了/liao²¹/"前成分更容易看作是一个话题而不是条件,这时"了/liao²¹/"就虚化成了话题标记。

3. 其他用法

"了/liao²¹/"表非已然达成义,非已然特征使它容易表达假设条件或可能情状。除以上词尾达成体和从句句尾先时标记、假设条件助词、话题标记用法以外,鄢陵方言"了/liao²¹/"还可作为可能补语结构助词使用。

普通话的可能补语结构为"V+得+C""V+不+C",可能补语结构助词是

"得"。鄢陵方言的可能补语结构为"V+C+了/liao²¹/"或"V+不+C",可能补语结构助词是"了/liao²¹/"。例如:

(22)a.夜儿个_{昨天}还打通了/liao²¹/哩。 b.夜儿个_{昨天}还打通了/lɛ²¹/哩。
(23)A:听懂听不懂啊?
 B:听懂了/liao²¹/。
(24)A:吃饱吃不饱啊?
 B:吃饱了/liao²¹/。

例(22)a句用"了/liao²¹/"表示昨天还能够打通;b句用表已然实现的"了/lɛ²¹/",表示昨天打通了电话。例(23)(24)中的"听懂了/liao²¹/""吃饱了/liao²¹/"都是表示可能情况,和前面的"打通了/liao²¹/"都是可能补语结构。这些结构中的"懂""饱""通"是结果补语,"了/liao²¹/"是可能补语结构助词。

3.1.3 实现义"了/lɛ²¹/"

1.完整体

河南鄢陵方言"了/lɛ²¹/"的核心语义表已然实现,用在词尾(动词后,宾语前)表过去有界事件或过去有界事件造成的现存状态①,与普通话表已然实现的词尾"了"性质相同,都是完整体(perfective)。但当鄢陵方言词尾"了/lɛ²¹/"所在动词结构的宾语是数量短语、时量短语或动量短语等无定名词结构时,语序为"V+了/lɛ²¹/+O";当宾语为有定名词结构时,宾语必须提到动词前(可以作为话题提前或使用介词将其提前)。例如:

---

① 完整体从整体观察事件,不关注事件起始、进行、终结等过程。一些学者如Comrie(1976)、戴耀晶(1997)等从观察事件的角度的不同将"体"分为完整体和非完整体,然后再做进一步分类。这样完整体就是完成体的上位概念。而一些类型学家如Dahl(1985)、Bybee等(1994)把完成体与完整体当作两种体来看待(地位相同,没有包含关系)。Bybee等(1994)认为完成体、完整体和一般过去时所描述的情况均先于某个时间参照点完成。完成体表示与现时相关的过去动作,而过去时和完整体仅表示过去动作。后两者的区别是完整体造成的状态有可能持续到现在,而一般过去时造成的状态只能持续到过去,不能持续到现在。我们研究鄢陵方言"了"时发现,句中位置的"了/lɛ²¹/"只能用在含有数量/时量/动量结构的过去有界事件句中,句尾"了/lɛ²¹/"具有参照时间相关性,分别可与Dahl等定义的完整体和完成体对应。采用Dahl和Bybee等的分类能更大程度上区分不同的体意义,故本书采用这些类型学家的定义,将完整体看作与完成体同层次的概念。

(25) 我养了/lɛ²¹/一群兔子。
(26) 我吃了/lɛ²¹/一个小时。
(27) 我去了/lɛ²¹/三次。
(28) a. 我杀了他。(普通话)
　　 b. 我叫他杀了/lɛ²¹/。(鄢陵方言)
(29) a. 谁吃了那个苹果？(普通话)
　　 b. 谁叫那个苹果吃了/lɛ²¹/？(鄢陵方言)

例(25)—(27)三个句子，宾语都无定指，所以在鄢陵方言中语序与普通话一致。例(28)(29)的宾语都是有定名词短语，普通话可以是"V+了+O"语序，如两例中的a句；但在鄢陵方言中必须将有定宾语提前，如b句。

鄢陵方言词尾"了/lɛ²¹/"表示过去有界事件，所以只能用在参照时间为过去或现在的句子中，表示过去已然或现在已然。此外，因为词尾"了/lɛ²¹/"表示的过去事件为现在已然或过去已然，所以不能与根情态①共现。例如：

(30) a. 我吃了/lɛ²¹/俩苹果。
　　 b. 我夜儿个吃了/lɛ²¹/俩苹果。
　　 c. *我夜儿个想吃了/lɛ²¹/这俩苹果。
　　 d. *我明儿个吃了/lɛ²¹/俩苹果。
　　 e. *我明儿个想吃了/lɛ²¹/俩苹果。
　　 f. *我明儿个想吃了/lɛ²¹/这俩苹果。

例(30)a句参照时间为说话时间；b句参照时间为过去时间；c句中含有根情态词"想"，"想"表示意愿，不与已然事件共现，所以不合语法。在鄢陵方言中，这句话只能用"我夜儿个想叫这俩苹果吃了/liao²¹/。"表达。d—f句参照时间为将来，与词尾"了/lɛ²¹/"表过去事件的用法相冲突，所以不合语法。

---

① 情态(modality)是句中的命题以外的成分或修饰命题的成分，是说话人的主观态度和观点的语法化或语句中的那些主观性特征，也是说话人对句子所表达的命题或命题所描写的情景的观点或态度。关于情态的定义和外延，学界尚有很大争议，但多数学者都认可情态是表达说话者观点或态度的语法范畴，与命题的可能性和必然性相关。情态按类型可分为动力情态(dynamic modality)、道义情态(deontic modality)、认识情态(epistemic modality)和评价情态(evaluative modality)等。其中，动力情态表达能力和意愿，如"想要"；道义情态表达义务、许可，如"必须"，这两种情态类型都与命题的必要性相关，常可合称根情态(root modality)。

鄢陵方言词尾"了/lɛ²¹/"用在动词结构中,将事件作整体解读,不关注事件内部过程,可用来回答"发生了什么事",也可以用作主语或话题,指称一个事件或状态,指称性较强,动作性不强。例如:

(31)(某人被抓走了)A:他是犯啥事儿了啊? B:砍了/lɛ²¹/俩树。
(32)A:这儿咋镇些_{这么多}警车啊? B:死了/lɛ²¹/俩人。
(33)楼上住了/lɛ²¹/俩人,可挤哩慌。
(34)砍了/lɛ²¹/俩树可_就叫他使着了。_{砍了两棵树就把他累到了。}
(35)才红了/lɛ²¹/俩都_就叫你高兴成这?

例(31)B的话用来回答"犯了什么事",在例(32)中回答针对原因的提问,在例(33)—(35)中作为话题主语。鄢陵方言词尾"了/lɛ²¹/"将事件做整体解读,表示过去有界事件,是一个屈折类完整体(词尾"了/liao²¹/"作为派生类完整体与之形成对立)。

林若望(2017)认为,普通话表已然实现的词尾"了₁"除完整体用法外,还有非完整体用法,理由是有"养了一群兔子"这样的无界事件。我们认为"养了/lɛ²¹/一群兔子"也是完整体用法,跟"墙上挂了/lɛ²¹/一个画"一样,都指过去有界事件造成的现存状态。"养"语义复杂,包括从无到拥有(买或领养)的过程,也包括拥有以后的喂养照料,这个从无到有的事件是有界的(从无到有是过去事件,时间上有界),这个过去有界事件造成了一个现存状态,即"养着一群兔子"。"墙上挂了一幅画",人的动作"挂"是有界的,这个过去有界事件造成了一个现存状态,即"墙上挂着一幅画。"这些句子能表示现存状态与现在时无关,只是完整体本身的特点(过去时造成的状态只能持续到过去,而完整体造成的状态有可能持续到现在)。

普通话有一种歧义句"他死了两天了。"鄢陵方言词尾"了/lɛ²¹/"也存在类似现象。"死""来""挂"类含结果义动词与完整体结合时,带时量短语有歧义,而带数量/动量短语无歧义。这个歧义是由"V+了/lɛ²¹/+时量结构"的结构义与结果动词的语义冲突导致了重新分析而产生的。例如:

(36)死了/lɛ²¹/俩人。
(37)来了/lɛ²¹/三次。
(38)死了/lɛ²¹/三天。(歧义)
(39)来了/lɛ²¹/一个月。(歧义)

例(36)(37)带数量/动量短语的句子没有歧义。例(38)(39)带时量短语有歧义,可解读为"他的濒死状态持续了三天"或"他死之后过了三天";"他从动身到到达用了一个月"或"他来之后过了一个月"。

鄢陵方言词尾"了/lɛ²¹/"作为完整体可以表达过去有界事件,其后的数量/动量/时量结构一般是用来限定事件本身的有界特征。但我们很少关注"死""来"这些结果义动词的事件本身时长是多久(若关注事件时长,须上下文强调指出),而更关注结果出现后的时长。交际双方根据常识自动将时量结构重新分析为结果实现后的时长。于是,"V+了/lɛ²¹/+时量结构"除结构义(事件时长)外又多了一个新的与常识相关的语义(结果出现后的时长),从而造成了句子歧义。

2. 完成体

鄢陵方言句尾"了/lɛ²¹/"表示具有根情态相关性的参照时间的已然实现,是完成体(perfect)用法,用在参照时间是过去、现在或将来的句子中,表示过去已然、现在已然或将来已然。

我们知道,词尾"了/lɛ²¹/"紧跟动词,与动词关系紧密,动词结构会优先与"了"结合。动词结构与词尾"了/lɛ²¹/"组合后,即拥有了已然实现义。而表示能力、意愿、义务、许可的根情态词的语义与已然事件相排斥,所以词尾"了/lɛ²¹/"不与根情态共现。而句尾"了/lɛ²¹/"位于宾语之后,与动词的句法距离较远,动词结构有可能先与根情态组合,之后再与表已然实现义的句尾"了/lɛ²¹/"组合。此时,句尾"了/lɛ²¹/"表示"根情态+VP"整个结构的已然实现。也就是说,词尾完整体"了/lɛ²¹/"表示事件已然,语义只涉及动词结构;而句尾完成体"了"表示含有根情态的情状的已然,具有根情态相关性,而不只是动词结构表示的事件的已然。例如:

(40)*我想吃了/lɛ²¹/三碗。
(41)a.我吃饺子了/lɛ²¹/。
　　 b.我想吃饺子了/lɛ²¹/。
　　 c.我夜儿个_昨天_想吃饺子了/lɛ²¹/。
　　 d.我明儿个_明天_都_就_想吃饺子了/lɛ²¹/。

例(40)词尾"了/lɛ²¹/"位于动词和宾语中间,与动词联系紧密,比根情态词"想"与动词的句法距离更近,所以动词结构"吃三碗"先与"了/lɛ²¹/"组合,事件就具有了已然实现义,就不能再加根情态词"想",否则不合语法。例(41)完成体"了/lɛ²¹/"位于句尾,与动词"吃"的句法距离较远,根情态词就可以先与尚未附加已然义的动词结构组合,之后再与"了/lε²¹/"组合。b句的结构层次是:我｜想｜｜｜吃饺子｜｜了。"了"是附加在"想吃饺子"上的,表达"想吃饺子"这个带有根情态的情状的已然。b句的参照时间是说话时间,c句的参照时间是过去,d句的参照时间是将来。我们可以看到,句尾完成体"了/lε²¹/"并不表绝对的已然实现,而是表示在参照时间,具有根情态相关性的已然实现。

另外,完成体"了/lε²¹/"有时也会用来预报即将出现的新情况,有些学者将这些例子看作非已然事件句,其实"了/lε²¹/"在这些句子中表达的仍是已然实现义。例如:

(42)(打电话时)我挂了/lε²¹/啊。
(43)我吃了/lε²¹/啊。
(44)那我都_就放心住了/lε²¹/啊。
(45)那我走了/lε²¹/啊。

这些句子一般是在对话中省略了前面的一些讨论或前提条件,大多可以在句前加条件连词"那",后面带有语气词"啊",比如"那我挂了/lε²¹/啊"。在鄢陵方言中,这些句子一般用来告知听话人,自己将要做某事,并试探听话人的态度,带有征询许可的意味("许可"属于根情态)。听话人往往会回应许可或拒绝,如"挂吧""先白_别挂哩""吃吧""先白_别吃"等。彭利贞(2009)认为"我走了!""上课了!"这类句子存在一个空情态词,并从跨语言的角度进行了论证。我们认为彭利贞老师的论证是可信的。这些句子的句法结构为"根情态空位＋VP＋了/lε²¹/",根情态空位先与动词结构组合,之后再与"了/lε²¹/"组合。例(42)相当于"我(＋空根情态)＋挂(＋电话)＋了＋啊。","了/lε²¹/"表达的是"要挂电话"这个情状的已然,与"我想吃饺子了/lε²¹/。"中的"了/lε²¹/"语音语义都完全相同。

另一种跟未然情况相关的是,说话人用已然实现来表述尚未完全完成的事件,是临时语用变体。这些句子中动词事件往往有一个开始时点和一个结束时点。例如:

(46)张三来了/lε²¹/,赶紧跑。
(47)上课了/lε²¹/,上课了/lε²¹/。
(48)A:起^D/tɕʰiε⁴⁴/了/lε²¹/没有啊？ B:起^D/tɕʰiε⁴⁴/了/lε²¹/,起^D/tɕʰiε⁴⁴/了/lε²¹/。(上标D表示动词变韵)

这样的情况大多带有夸张的成分在里面,有可能动作尚未开始,有可能动作已经开始但尚未结束,也有可能动作已经完全实现。三种情况都用表已然实现的"了/lε²¹/"表达,表示时间的紧迫性。"张三来了,赶紧跑。",可能是张三即将动身的预警,也有可能是张三已经出发,也有可能是张三已经来到了。不管是哪种理解,这里的"了/lε²¹/"表达的都是已然实现,只是说话人和听话人之间有一个信息差,容易造成误解(说话人为了表达时间的急迫性也有意造成这种误解),并不是用已然表达未然义。

3. 其他

鄢陵方言中,句尾"了/lε²¹/"还可作语气词,表肯定或感叹语气,句法结构为"程度副词+形容词+了/lε²¹/",这点与普通话一致。例如:

(49)你东西卖得也忒贵了/lε²¹/。
(50)忒远了/lε²¹/。

3.1.4 鄢陵方言"了"各用法比较分析

1. 完结体、达成体、完整体的对比

完结体、达成体(派生类完整体)和完整体(屈折类完整体)都位于词尾位置,书写形式一致,但读音不同。

完结体"了/liao⁴⁴/"和达成体"了/liao²¹/"句子中动词的宾语往往有定,完整体"了/lε²¹/"句中动词的宾语有定或无定皆可,但不能是光杆名词。例如:

(51)a.我写了/liao⁴⁴/作业了/lε²¹/。
　　b.??? 我写了/liao⁴⁴/一门儿作业了/lε²¹/。
(52)a.见了/liao²¹/他替我问声好。
　　b.你叫这个衣裳洗了/liao²¹/。
　　c.*你叫一个衣裳洗了/liao²¹/。
(53)a.我买了/lε²¹/一本书。
　　b.*我买了/lε²¹/那本书。
　　c.*我买了/lε²¹/书。

例(51)a句中的"了"为完结体,动词宾语有定,如果无定的话可接受程度不高。例中的b句一般会用表已然实现的"了/lɛ²¹/"来表达:"我写了/lɛ²¹/一门儿作业了/lɛ²¹/。"例(52)为达成体用法,达成体句中动词的宾语须有定,例中c句宾语无定,所以不合语法。例(53)完整体句中的宾语要求无定,所以b句和c句都不合语法。如果宾语有定,须将其移位到动词前,如"我把那本书买了/lɛ²¹/。"

完结体"了/liao⁴⁴/"不能完句,句子须有完句成分;含有达成体"了/liao²¹/"的句子中的受事提前之后,"了/liao²¹/"落于句末,可以不再添加其他完句成分;完整体"了/lɛ²¹/"所在的句子不需要添加其他完句成分。例如:

(54)a.??? 我叫衣裳洗了/liao⁴⁴/。
　　b.我叫衣裳洗了/liao⁴⁴/了/lɛ²¹/。
(55)a.我叫衣裳洗了/liao²¹/。
　　b.*我叫衣裳洗了/liao²¹/了/lɛ²¹/。
(56)a.我吃了/lɛ²¹/两碗饭。
　　b.我吃了/lɛ²¹/两碗饭了/lɛ²¹/。

例(54)a句没有完句成分,感觉句子没有说完,所以可接受程度不高;b句有具有完句功能的完成体"了/lɛ²¹/",所以合语法。例(55)a句中,达成体"了/liao²¹/"因受事提前而落在句末,因而拥有了完句功能。达成体表示非已然事件,与完成体语义相斥,所以不能与完成体共现。例(56)完整体可单独使用也可与完成体共现。

完结体和达成体用在多事件句中,可以表示事件的时间或逻辑次序;完整体用在多事件句中仅用来罗列已实现事件,没有表时间次序的功能。例如:

(57)a.我吃了/liao⁴⁴/饭都去找你。
　　b.你见了/liao²¹/他给我打个电话。
　　c.我吃了/lɛ²¹/俩馍,喝了/lɛ²¹/两碗汤。

例(57)a句完结体表达的事件"吃饭"完结后再"去找你";b句表示"见他"这个事件达成之后,"给我打电话";c句是两个并列的已然事件。a、b句的前后事之间都有时间先后关系,c句仅罗列,不表示次序。

另外,完结体"了/liao⁴⁴/"表完结义,可用于已然或非已然事件,参照时间可以是过去、现在、将来;完整体"了/lɛ²¹/"表已然实现义,仅表过去事件,参照时间只可以是过去和现在;达成体"了/liao²¹/"表非已然达成义,表非已然事件(用在从句中不含已然与否的信息),参照时间可以是过去、现在或将来。

2.句尾(或从句句尾)"了/lɛ²¹/""了/liao⁴⁴/""了/liao²¹/"的对比

句尾"了/lɛ²¹/"是完成体,用在多事件句中,也是仅表罗列,不表次序。例如:

(58)我今儿个_{今天}干了/lɛ²¹/好些_{很多}活儿,洗衣裳了/lɛ²¹/,拖地了/lɛ²¹/,还浇花了/lɛ²¹/。

(59)他吃馍了/lɛ²¹/,也喝汤了/lɛ²¹/。

例(58)(59)用完成体表达多个事件,想到什么说什么,不表示时间或逻辑次序,仅罗列一些新信息。

小句尾"了/liao⁴⁴/"用在多事件句中表时间次序,有完结义;小句尾"了/liao²¹/"用在多事件句中表时间或逻辑次序,没有完结义。例如:

(60)a.我吃完饭了/liao⁴⁴/你再给我说。
　　b.我吃完饭了/liao²¹/你再给我说。
(61)a.他来了/liao⁴⁴/你再准备也不迟。
　　b.他来了/liao²¹/你再准备也不迟。

例(60)a句强调我完全吃完饭之后你再跟我说(说话人态度可能有点不耐烦);b句是一个普通的相对时先时句,表示"我吃完饭后你再跟我说",从字面看不出说话人态度。例(61)a句强调"来到了之后",即"他到了你再准备也不迟";b句有歧义,若交际双方确定他会来,则为时间关系,即"他来到之后再准备不迟",若他不一定来("来"是一种可能情况),则为逻辑关系,即"他来的话你再准备也不迟"。

3.1.5　鄢陵方言"了"用法小结

综合以上分析可知,鄢陵方言"了"有三个读音:/liao⁴⁴/、/liao²¹/和/lɛ²¹/。

"了"读上声/liao⁴⁴/时有完结义动词、完结体两种用法。作动词可单用,表完结,语义指向受事;作完结体时位于动词尾,语义指向动词动作而不是受事,仅表动作完结。

"了"读轻声/liao²¹/时核心语义为非已然达成,有词尾和从句句尾两个句法位置。用在词尾时为达成体,用在从句句尾时有先时标记、假设条件助词和话题标记三种用法。另外,"了/liao²¹/"还可以作为可能补语结构助词使用(不是可能补语,而是可能补语结构助词),句法结构为"V+C+了"。"了/liao²¹/"可以作可能补语结构助词,与它表非已然达成的语义关系紧密(可能情况也是非已然情况的一种)。

"了/lɛ²¹/"核心语义为表已然实现,有词尾和句尾两个句法位置。词尾"了/lɛ²¹/"为完整体(典型的完整体,仅表过去事件或过去事件造成的现存状态),参照时间只能是现在或过去,句子在宾语无定的情况下是正常语序,在宾语有定的情况下需要将宾语提到动词前的位置。句尾"了/lɛ²¹/"具有根情态相关性,表带有根情态的情状在参照时间已然实现,参照时间可以是过去、现在或将来。

从鄢陵方言的现状来看,完结体"了/liao⁴⁴/"与完结义动词"了/liao⁴⁴/"演化距离更近;达成体"了/liao²¹/"与先时标记、假设条件助词和话题标记"了/liao²¹/"演化距离更近;完整体"/lɛ²¹/"和完成体"/lɛ²¹/"用法演化距离更近。我们以鄢陵方言读音为代表,将"了"分为三组,分别考察组内语法化路径,确定组内演化顺序后,再寻找组间演化关系。

在下文分析历时文献语料时,暂将具有完结义的"了"记为"了/liao⁴⁴/";与非已然达成义相关的"了"记为"了/liao²¹/";表已然实现的"了"记为"了/lɛ²¹/"。这只是为方便分类,用不同书写符号来区分不同的语义,并不是说它们是历时语料的实际音值。

3.2 "了"的语法化

3.2.1 前人关于普通话词尾"了₁"的来源的争议

关于普通话词尾"了"的产生,主要有"移位""词汇替代"和"加宾"三种看法。

梅祖麟(1981)认为,南北朝和唐代的动补结构有两种:"动+宾+补"和"动+补+宾",动补结构的这两种形式影响了"了"的位置变化。他认为"了"作动词表"完成",最初只能出现在"动+宾+了"格式。"了"的位置到宋初变成"动+了+

宾"。位置的变化成为鉴别"了"是动词还是动词体标记的一个最主要的形式标准。

曹广顺(1986)、刘坚等(1992)、梅祖麟(1994)认为词尾"了"的产生是词汇替代的结果,认为"了"替代了原来"V+却+O""V+着+O"等结构中的"却""得""着"等位于动词后的虚词,从而形成动词后的"了"。

李讷、石毓智(1997)反驳了以上两种观点。他们认为在唐五代时期,"了"还只能出现于"动+了"和"动+宾+了"两种格式中。在考察了刘坚、蒋绍愚主编的唐五代白话文资料后,他们认为在"动+了"结构中,"了"前加修饰语的概率(约5%)远小于"动+宾+了"结构中"了"前加修饰语的概率(约70%),且唐五代时期已有大量例子可以证明,修饰语可以放在整个"动+了"结构前("动+宾+了"中则没有这种情况),以此证明"动+了"的结构联系更紧密,"了"更容易形态化而与动词凝结成一个句法单位。宋初,在"动+了+宾"结构中作为体标记的"了"不是句尾"了"的提前,而是唐五代"动+了"结构"加宾"的结果(他们认为是先形成结构紧密的"V+了"。由于"了"与动词结构紧密,所以及物动词的宾语只能位于"了"之后,从而形成词尾"了")。

关于词尾"了$_1$"的语法意义,主要有"表实现""完成体""完整体""过去时"等说法(主要是基于普通话"了"的研究)。关于"了"的演化路径,有很多学者认为与其位置相关,有学者认为是从句尾(完成体)到词尾(完整体),等等。

但从古籍和方言语料来看,"了"的演化情况显然更复杂。

3.2.2　完结体"了/liao^{44}/"的语法化过程

鄢陵方言中"了"的虚词用法来源于上声表完结的动词"了/liao^{44}/"(表完结的"了"有可能来自表完全或其他语法意义的"了",我们在此仅考察时体相关的"了"的语法化过程,不涉及完结义动词"了"的来源)。

六朝时,"了"附于动词结构后,有表完结和表已然实现两种情况。完结义动词"了"多用在多事件句前句,表示多个事件的次序。表已然实现的"了"已经具有了现代汉语句尾完成体"了"的语法功能(但六朝时表完成的"了"虚化了,仅见《三国志》中有一例:裔答洪曰:"公留我了矣,明府不能止。")。完结义"了"的用例如下。

(62)禾秋收了,先耕荞麦地,次耕余地。(六朝《齐民要术》)

(63)其所粪种黍地,亦刈黍了,即耕两遍,熟盖,下穄麦。(六朝《齐民要术》)
(64)凡疥癣上,先用油涂了,错末一日便干,顽者三两度。(六朝《全刘宋文》)

上述例中的"了"都表示次序,但情况有所不同。例(62)(63)中的"秋收"和"刈黍"都是有界事件,"了"为完结义动词,表示有界事件的完结。而例(64)的"用油涂"很难限定"涂多少"算是"完结",所以这个例子中"了"的表意重点已不是完结义,更多关注的是事件之间的时间次序。这个例子用现代鄢陵方言来读,"了"可以读上声"了/liao44/"或轻声"了/liao21/",是表完结和表示时间次序两读的用例。

李讷、石毓智(1997)统计了刘坚、蒋绍愚主编的唐五代白话文资料,收集到69个"动+宾+了"的用例,其中有41例紧挨"了"之前有修饰语,约占70%。能被副词修饰的完结义"了"仍是动词,不是完体。我们从北大语料库也检索到了很多"了"前加修饰语的语料,选例如下。

(65)子胥哭已了,更复前行。(五代《敦煌变文选》)
(66)于是贫士蒙诏,跪拜大王已了。(五代《敦煌变文选》)
(67)前解长行文已了,重宣偈诵唱将来。(五代《敦煌变文集新书》)
(68)发言既了,排敛威仪,各擎龙凤之衣,别换新鲜之服,陪从居士,宝盖自持。(五代《敦煌变文集新书》)

这些例子中有的是"动词+了_{完结}",如例(65);有的是"动词+宾语+了_{完结}",如例(66)—(68)。不管是动词后还是从句尾的完结义的"了",都可以前加副词修饰,说明这些位置完结义的"了"都仍是动词。

唐五代时期,"V+了_{完结}"和"V+O+了_{完结}"结构中的"了_{完结}"前可加修饰语成分,且加修饰语的用法占比很高,所以这两个结构中的"了_{完结}"仍是动词用法。但是,与此同时,"了_{完结}"还有"V+了_{完结}+O"的用例出现,这个结构中的"了"位于动词和宾语之间,比宾语与动词的关系更紧密,未见前加修饰语的用例。例如:

(69)将军破了单于阵,更把兵书仔细看。(唐《寄大府兄侍吏》)
(70)各请万寿暂起去,见了师兄便入来。(五代《敦煌变文选》)
(71)寻时缚了彩楼,集得千万在室女,太子即上彩楼上,便思(私)发愿:若是前生……(五代《敦煌变文集新书》)

例(69)诗句的意思是将军破阵结束之后又继续看兵书,"了"表完结。例(70)"见了师兄便入来",不是说一见到他就来,而是说见完师兄之后来,所以这里的"了"完结义还比较明显,可以确定是完结义词尾"了"。例(71)中,根据上下文,"缚了彩楼"是已然事件,并且和后句"集得千万个室女"之间具有时间上的先后关系,所以这里的"了"也只能是完结义词尾"了"。

唐五代时期表完结的"了"从从句句尾移到词尾位置,不能加"已""既"等副词修饰,与动词的关系更加紧密,已与现代鄢陵方言中完结体的结构形式和意义一致。

唐五代时期词尾完结义"了"用例还较少,宋代开始大量有词尾完结义"了"的用例,可以判定"V+了_{完结}+O"结构至少在宋代已经固定下来。例如:

(72)可太原、中山、河间等府一带所辖县镇分画疆至,系自大金后,比至立了疆界屯兵已前,于内别有变乱处所,当朝自当应管擒制交送。(宋《大金吊伐录》)

(73)须是读了三百篇有所兴起感发,然后可谓之"思无邪"。(宋《朱子语类》)

(74)今人观书,先自立了意后方观,尽率古人语言入做自家意思中来。(宋《朱子语类》)

(75)隋初亦未得正统,自灭陈后,方得正统。如本朝至太宗并了太原,方是得正统。(宋《朱子语类》)

这四个例子中完结义都比较明显。例(74)中"立意"结束之后"观书",并不是一立意就观书;例(73)也是"读了三百篇"之后"有所兴起感发";例(72)是一个时间范围,即"自大金后"到"立了疆界屯兵已前","立了疆界屯兵"指的是"立疆界屯兵"的完结时点。例(75)也是表示"并太原"完结之后,"方得正统"。

综上所述,我们判断完结体"了"的语法化路径为:完结义动词"了"_{常位于从句尾位置}→完结体"了"_{词尾位置}。唐五代时期始有"V+了_{完结}+O"结构出现,"了"前不能带修饰成分,已与现代鄢陵方言中完结体用法相同,宋代始有大量完结体"了"的用例。

3.2.3 表非已然达成的"了/liao^{21}/"

1. 从句尾"了/liao^{21}/"

最晚在唐代已经出现了大量完结义磨损,而仅表时间或逻辑次序的从句句尾"了"的用例。宋代,从句句尾"了"已经有了话题标记用法。为方便讨论,下面我们将例句中仍有完结义的"了"标为"了/liao⁴⁴/",将完结义磨损、表时间或逻辑次序或话题标记的"了"标为"/liao²¹/"(只是为方便辨义,并不是指它们的实际音值)。

唐五代时期大量用"了"表时间次序的例子并不是同质的,有些具有完结义,有些完结义已经虚化。例如:

(76)市了/liao⁴⁴/,任百姓交易。(《唐文拾遗》)
(77)昨日了/liao⁴⁴⁻²¹/今日,今日了/liao⁴⁴⁻²¹/明晨。(唐《王梵志诗》)
(78)直待女男安健了/liao²¹/,阿娘方始不忧愁。(五代《敦煌变文集新书》)
(79)迷了/liao²¹/菩提多谏断,悟时生死免轮回。(五代《敦煌变文集新书》)

例(76)中的"了"完结义明显,句子表示"市"结束以后让百姓交易。与现代鄢陵方言中表完结义的动词"了"相同,与非已然达成义的"了"不同。例(77)有两读可能:一是单纯表示时间,昨日结束之后是今天,今天结束之后是明早,这种解读完结义明显;另一种解读是作参照时间理解,表示日复一日地重复做某事,这种解读里"了"完结义虚化,与今鄢陵方言"了/liao²¹/"用法一致。例(78)表达的是母亲一直到儿女安健之后才能不忧虑。"了"表前后事之间具有时间或逻辑关系,不表示完结(表达的是"安健状态"达成后,并不是"安健状态"完结或结束后)。这里的"了"表示的是非已然达成义,与今鄢陵方言的"了/liao²¹/"用法一致。例(79)中的"迷"是一种结果状态,"迷了"意为"迷之后",而不是"迷结束之后",排斥完结义解读,也只能是非已然达成义的"了"。

唐五代文献中有大量表示时间关系或逻辑关系的例子。例如:

(80)天龙闻了/liao²¹/称希有,菩萨听时赞吉祥。(五代《敦煌变文集新书》)
(81)悟了/liao²¹/还同佛境界,迷时衣(依)旧却成魔。(五代《敦煌变文集新书》)
(82)欺枉得钱君莫羡,得了/liao²¹/却是输他便。(唐《王梵志诗》)
(83)自家见了/liao²¹/,尚自魂迷;他人睹之,定当乱意。(五代《敦煌变文集新书》)
(84)任伊持世坚心,见了/liao²¹/也须退败。(五代《敦煌变文集新书》)

例(80)表示天龙听到之后称"希有",表示的是时间关系。例(81)表示"悟"之后就如同佛的境界一样,而"迷"的时候就如同成魔,表示的也是时间关系。例(82)—(84)都有两种解读。例(82)"得了"可以解读为"得到之后"或"得到的话";例(83)可以是"自家见之后"或"自家见的话";例(84)可以解读为"如果见了,也须退败"或"见之后也须退败"。时间关系蕴含逻辑关系,且从语义来看,"了"的先时用法与其表完结的语义关系更密切,所以不太可能是从假设条件助词用法演化出时间参照用法,二者的关系应该是"相对时标记→假设条件助词"。

当"了/liao^{21}/"小句前有假设连词时,表示逻辑关系的语义就被凸显出来。例如:

(85)若能如是照了/liao^{21}/,则於心性通达中道,圆照二谛。(唐《小止观》)
(86)他若识了/liao^{21}/,照亦无物耶。(唐《黄檗山断际禅师传心法要》)
(87)庐官勃跳下阶,便奏霸王:王陵只是不知,或若王陵知了/liao^{21}/,星夜倍程入楚,救其慈母。(五代《敦煌变文选》)

这些例子前有假设条件连词"若",逻辑条件关系明显,前句尾的"了/liao^{21}/"意为"的话",是假设条件助词用法。与前面相对时标记用法最大的区别是,表示假设条件关系的"了"可以省略不说。例如,相对时标记用法的例(81)"悟了/liao^{21}/还同佛境界",不能说"*悟还同佛境界",而此处表示假设条件用法的例(85)—(87)均可把前句句尾表假设条件关系的"了"省略。例如,例(85)可说"若能如是照,则於心性通达中道,圆照二谛";例(86)可说"他若识,照亦无物耶";例(87)可说"王陵只是不知,或若王陵知,星夜倍程入楚,救其慈母"。可见这些句中的"了"表示时间次序的语义已经虚化,主要表现为逻辑关系,而句前已有假设条件连词,所以前句尾的"了"可以省略不说。

因时间关系与逻辑关系联系紧密,仅凭书面材料无法确定说话人想要强调的是时间关系还是逻辑关系,所以此处我们选取的都是有假设条件连词凸显了逻辑关系的例子,并不是说"了"作为假设条件助词使用时必须有其他连词。在今鄢陵方言中,也可以不用假设条件连词,仅用假设条件助词"了/liao^{21}/"凸显逻辑关系。例如,"下雨了/liao^{21}/都不回去了。",意为"如果下雨的话,就不回去了。"

唐五代时已出现完结义虚化后表时间或逻辑关系的"了"。考虑到表时间关系的"了"与完结义联系更紧密,有完结义和先时义两读的"了",且从语法化的单向性来看,表时间关系的虚词语法化程度低于表逻辑关系的虚词,一般是由表时间关系的词演化为表逻辑关系,很少有表逻辑关系的词演化为表时间关系,我们可以推断,完结义动词"了"先虚化为表先时义的"了",后由时间关系推出逻辑关系,有了表时间和逻辑两读的"了",之后形成仅表示假设条件的助词"了"。

"了/liao^{21}/"单纯作为话题标记的语料的出现稍晚于相对时标记和假设条件助词用法。例如:

(88)不是说道诚实好了/liao^{21}/方去做,不诚实不好了/liao^{21}/方不做。(宋《朱子语类》)

(89)有年号了/liao^{21}/,犹自被人如此,无后如何!(宋《朱子语类》)

(90)宾曰:"不入这保社。"师曰:"会了/liao^{21}/不入,不会了/liao^{21}/不入?(宋《五灯会元》)

(91)又道佛行,那僧是会了/liao^{21}/问,不会了/liao^{21}/问?请断看。(宋《五灯会元》)

上述选取的是两种情况对举的例子,前后分别是正反两种不同情况(这些例子的选取主要是考虑前后对举有助于判定"了/liao^{21}/"前成分是话题,并不是说所有"了/liao^{21}/"标记的话题都是两种情况并列对举)。这几个例子中,"了/liao^{21}/"前正反两种情况是信息焦点,"了/liao^{21}/"起到提顿焦点的作用,解读为话题标记更合适。

综上所述,我们判断从句尾"了/liao^{21}/"的各种用法之间的语法化路径为:完结义动词→先时标记→假设条件助词→话题标记。

2. 词尾"了/liao^{21}/"

下面讨论非已然达成义词尾"了"的语法化。

历时语料中的表非已然达成义的"V/A+了/liao^{21}/+O"结构一般会表现出致使或使成义(处置使O达成某种目标状态),如果谓词是形容词,则只能理解为使动义。例如:

(92)即能强了/liao^{21}/官,百姓省烦恼。(唐《王梵志诗》)

(93)几时献了/liao^{21}/相如赋,共向嵩山采伏苓。(唐·张乔《赠友人》)

(94)修建文宣王庙,请率在朝及天政见了/liao^{21}/任官俸钱,每贯克留一十五文。(《唐文拾遗》)

(95)去了/liao^{21}/本子,都在心中,皆说得去,方好。(宋《朱子语类》)

(96)如明道云:"若说幻为不好底性,则请别寻一个好底性来,换了/liao²¹/此不好底性。"(宋《朱子语类》)

(97)若被他移了/liao²¹/志,则更无医处矣!(宋《朱子语类》)

前三个例句是唐代的用例,后三个例句是宋代用例。例(92)为形容词使动用法,"了"在此表达成义,表示使宾语(官)达到形容词描述的状态(强),"强了官"意为"使官变强"。例(93)"几时"表明句子表达的是一个非已然事件,"了"表示达成"献相如赋"后,"共向嵩山采伏苓",是非已然达成义的"了"。例(94)中的"了"在惯常事件中表达成。例(95)—(97)也是表示非已然事件的达成。

这些例句宾语有定,事件为非已然事件或惯常事件,不具有已然特征,与今鄢陵方言词尾达成体"了/liao²¹/"用法一致。唯一不同的是,宋代的达成体用法用在主句中时可以是SVO语序,也可以是宾语提前的OSV或SOV语序,如"换了此不好底性""未教拆了秋千"等,今鄢陵方言中非已然达成"了"用在主句中只能用OSV语序或SOV语序。

与非已然达成义相关的从句句尾先时标记、假设条件助词,以及词尾达成体"了"等用法都始见于唐代,从句句尾话题标记用法始见于宋代。考虑到六朝时期完结义动词"了"多用于从句句尾,而词尾完结体"了"虽然始见于唐代,但用例较少,所以我们推测应是从句句尾的完结义动词"了"在不强调完结的语境中,完结义磨损后表现出达成义,其后从句句尾达成义的"了"分两支演化:一支因语义指向动词,与动词联系紧密,进入动词词尾位置,演变成词尾派生类完整体(达成体);另一支在从句句尾位置非已然达成义进一步虚化,仅表现出非已然义,附在时点后有为主句事件设立时间定位的作用,附在没有时点义的情状后表示假设条件,并进一步由假设条件助词演化出不表逻辑关系、单纯作话题标记使用的用法。

另外,今鄢陵方言中,可能补语结构助词用法的句法结构是"V+C+了/liao²¹/",动词的宾语若还原,须放在"了"后,所以这个结构中的可能补语结构助词"了"与词尾达成体"了"关系更近,应是词尾达成体进一步演化的结果。

宋代有很多"V+C+了+O"的用例。例如:

(98)盖非不晓,但是说滑了/liao²¹/口后,信口说,习而不察,更不去仔细检点。(宋《朱子语类》)

(99)譬如烧火相似,必先吹发了/liao²¹/火,然后加薪,则火明矣。(宋《朱子语类》)

(100)关了门,闭了户,把断了/liao²¹/四路头,此正读书时也。(宋《朱子语类》)

这三个例句"了"所在 VP 均为非已然事件,是非已然达成义的"了"。可能补语结构助词"了"的用法在宋元时期尚未出现,应是元代以后在方言中继续演化的结果。

3.2.4 表已然实现的"了/lɛ²¹/"

1. 句尾"了/lɛ²¹/"
1) 完成体"了/lɛ²¹/"
六朝时已有"了"表完成的用法,但用例较少,仅见一例:

(101)裔答洪曰:"公留我了矣,明府不能止。"(六朝《三国志》)

例(101)中,"留我"是结果,不是动作,所以"了"在此排斥完结义解读,完结义已虚化。"公留我了矣"是张裔对杨洪说"诸葛亮(公)已经留下他了",表示在说话时间的已然事件,与现代汉语中的完成体"了"用法相同。

刘勋宁(1985)在对照方言、音韵、古籍语料的基础上,认为现代汉语句尾"了₂"来自近代汉语句尾"了也"。我们认为刘先生研究中对"了₂"语音的论证非常令人信服,表实现的"了"的语音很可能是受到了经常出现于其后的"也"的影响,但是已然实现义"了"作完成体是其本身的功能,并不是"也"带来的。

"了也"连用的语料初见于唐代。"了"在带有"矣""也"之类虚词的语句中,确实更易解读为"表明事件已发生"。例如:

(102)师代曰,彼中已有人占了也。(唐《筠州洞山悟本禅师语录》)
(103)师云,我与汝做得个直裰了也。普化便自担去,绕街市叫云,临济与我做直裰了也。(唐《镇州临济慧照禅师语录》)
(104)师云,有一人将去了也。(唐《镇州临济慧照禅师语录》)
(105)师曰:"吃饭也未?"对曰:"吃饭了也。"(五代《祖堂集》)

但同期也有大量不带"矣""也"的"了"表完成的情况,证明"了"可以独立使用表完成,"了"后虚词"也""矣"等只是起到强调或加强肯定语气等作用。例如:

(106)……两军中尉、诸高班、道士等随皇帝上。两军中尉语赵归真曰:"今日进仙台了,不知公等求得仙否?"归真低头不语。(唐《入唐求法巡礼行记》)
(107)如今得了,递代流行,得遇《坛经》者,如见吾亲。(唐《六祖坛经》)
(108)恒河七宝,如前解了。(五代《敦煌变文集新书》)

上述例句从上下文可推知事件在说话时均为已然,且不表示事件序列或完结,是完成体用法。例(106)"今日进仙台了,不知公等求得仙否",前后句不是时间先后关系,而是在一个已然前提下发出的疑问。"了"语义不涉及后面的句子,仅指向"进仙台",表示事件在参照时间已然实现,是完成体用法。例(107)(108)也都是"了"不带其他虚词,独自表完成的用法。这些例句证明,最晚在唐代就已经出现"了"的完成体用法。

2) 句尾语气词"了 lɛ²¹"

宋代始有完成体"了"与动词的复杂形式(动词带有补语或结果义修饰成分或位于被动、处置、使役结构中)结合的情况。"了"的语义指向结果义成分,表示与动作完成/实现相关的结果状态。例如:

(109)儒者读书,却只闲读了,都无用处。(宋《童蒙训》)
(110)虹非能止雨也,而雨气至是已薄,亦是日色射散雨气了。(宋《朱子语类》)
(111)此一段,先儒都解错了,只有晁以道说得好。(宋《朱子语类》)

例(109)"却只闲读了"中的"了"指"读"的结果"都无用处",是一个新信息。句中的转折词"却"也可以表明"闲读了"是与说话人或听话人预期不符的新情况。例(110)"亦是日色射散雨气了"中的"了"也是表达新情况或新结果的出现,完成体语义指向结果义成分。例(111)"先儒都解错了"中"了"的语义指向结果义成分"错",也是起到提供新信息的作用。

完成体"了"用在动结式结构中①,语义指向结果义成分,表示结果的实现,以及表明出现新情况新变化。当结果补语带有程度副词"太""忒"等修饰时,"V+得+太/忒+结果成分+了"("了"附加在整个动词结构上)会被重新分析为"V+得+太/忒+结果成分+了"("了"位于补语结构中)。也就是说,"了"由附于动词结构后表完成,被重新分析为框式结构"太/忒……了"。因为结果义成分是表意重点,所以动词常常可以省略。动词缺如,原来描述动作结果的成分类推到普通形容词,"了"不再表达出现新结果或新变化,而是表达肯定或感叹语。"了"新的结构和新的语义的形成,意味着语气词"了"语法化的完成。例如:

(112)周恭叔看得太过了。(宋《朱子语类》)
(113)子张空说得个头势太大了。(宋《朱子语类》)
(114)又曰:"山谷诗忒好了。"(宋《朱子语类》)
(115)古人做物滑净,无些碍处,便是易。在礼,只是太滑熟了。(宋《朱子语类》)

例(112)句中有动词,"了"有两读可能。可以解读为附加在"看得太过"后,"了"在"周恭叔｜看得太过｜｜了。"中表示提供一个新信息;也可以解读为位于补语中,"了"在"周恭叔｜看得｜｜太过了。"中表达说话人的主观态度,即认为超过了一般程度。这种两读可能性是语境诱发的语法化的第一步。例(113)是主谓结构做补语,所以"了"更容易解读为附加在"头势太大了"中,"太……了"整体做"头势"的谓语,"头势太大了"是动词的结果。这里的"了"仍可解读为新结果(新情况)的产生,是完成体用法。而例(114)(115)中的"好""滑熟"分别是描述"山谷诗"和"古人……(这种做法)",不含结果义。表述的重点是描述主语性状的形容词结构,"太……了"形成新的固定搭配,"了"为表示肯定或感叹的语气词。

3)句尾"了 lε^{21}"表状态持续

历时语料中,表已然实现的句尾"了"与具有结果义的动词结合时,在有时间副词(如"一直""总"之类)修饰的情况下,可以表示均质状态的持续。例如:

---

①"了/lε^{21}"表已然实现,可以表示动作的完成和目标/结果的实现。动补结构含有结果义,与"了/lε21/"的搭配非常见,使用频率很高。

(116)师曰:"门总闭了,汝作么生得出去?"藏曰:"唤甚么作门?"(宋《五灯会元》)

今鄢陵方言和普通话中都没有例(116)这样表示状态持续的用法。可能是宋代表已然的"了"演变出了表状态持续的用法,但没有在鄢陵方言中继承下来;也有可能是鄢陵方言中的"了"在宋以前就已经与《五灯会元》中的"了"有了分化,所以没有产生这种用法。

2. 词尾"了/lɛ²¹/"

唐五代时期已有少量表过去已然的词尾"了",宋时始有大量用例。例如:

(117)补了三日不肯归塝家,走向日中放老鸦。(唐《与马异结交诗》)
(118)冀冀鞢轻松,凝了一双秋水。(唐《如梦令》)
(119)前皇后帝万千年,死了不知多与少。(五代《敦煌变文集新书》)
(120)又依无量寿中本起,制菩萨连句梵呗三契,并注了本先死经等。(宋《太平广记》)
(121)唐有贾客维舟汴河上,获了一巨龟,于灶火中煨之。(宋《太平广记》)

例(117)中,"补了三日"是已然事件;例(118)描述看到的景象;例(119)中,"(皇帝)死了不知多与少"也是说的过去事件,表示"历史中不知道死了多少皇帝"。例(120)中的"注了本书"和例(121)中的"得到了一个巨龟"表达的都是过去事件。这些词尾"了"都是表过去事件,且不具有完结义,与今鄢陵方言中表已然实现的"了/lɛ²¹/"用法一致。

3.2.5 双了句

"双了句"(一个句子中同时有词尾和句尾"了")的情况比较复杂,"了"的三种语义都可以进入"双了句",包括四种情况。这四种组合在宋代均有用例。

1. "V+了/liao⁴⁴/+O+了/liao²¹⁻⁴⁴/,……"

这种类型的"双了句"中,词尾"了"完结义明显,第二个"了"表次序(具有完结义时读上声;不具有完结义,只在表时间/逻辑次序时读轻声),后面跟有其他小句。例如:

(122)为学之道,如人耕种一般,先须办了/liao⁴⁴/一片地在这里了/liao²¹⁻⁴⁴/,方可在上耕种。(宋《朱子语类》)

(123)今见看诗,不从头看一过,云,且等我看了/liao⁴⁴/一个了/liao²¹⁻⁴⁴/,却看那个,几时得再看?(宋《朱子语类》)

例(122)为"先V1了O了,方可VP2",例(123)为"等V1了O了,却VP2"。这两例都是非已然事件,所以不是表已然实现的"了/lɛ²¹/"。两个例句中的动词"办""看"都表示动作,不含有结果义,"V1了O了,VP2"仅表前后事时间顺序,"看了一个了"表示"看完一个之后",而不是"达成看这个动作之后",完结义比较明显,这两个例句中第一个"了"表完结,第二个"了"表次序。这种类型的"双了句"在今鄢陵方言中,词尾"了"须读上声,从句句尾"了"可读上声或轻声。

2. "V+了/liao²¹/+O+了/liao²¹/,……"

(124)四爻"损其疾",只是损了/liao²¹/那不好了/liao²¹/,便自好。(宋《朱子语类》)

这个类别的例句较少。例(124)是非已然句,"损"同时含有动作义和结果义,此句更强调"损"的结果义达成之后,便会出现后事,而不是"损"的动作完结后出现后事,所以第一个"了"表达成,第二个"了"表次序(时间或逻辑次序)。在今鄢陵方言中,这个例句的词尾"了"和从句句尾"了"都读轻声。

以上两类的"双了句"在今鄢陵方言中语音区别明显。例如:

(125)你看了/liao⁴⁴/那个了/liao²¹/再过来拿这个。
(126)你吃了/liao⁴⁴/饭了/liao²¹/过来一趟。
(127)你见了/liao²¹/老师了/liao⁴²/替我问声好。
(128)你到了/liao²¹/学校了/liao²¹/打个电话回来。

例(125)的意思是"你看完那个之后,再过来拿这个。"例(126)的意思是"你吃完饭之后过来一趟。"这两个例句中,词尾"了"都表动作完结,须读上声,为完结体用法。从句句尾"了"表示时间先后顺序,是先时标记的用法,读轻声。例(127)(128)中第一个动词"见""到"都含有结果义,词尾"了"不表完结而表动词结果义的达成,表示"你见到老师之后替我问声好""你到达学校之后打个电话回来",而不是"你见完老师之后替我问声好"。

3."V+了/liao⁴⁴/+O+了/lɛ²¹/"

这个类型的"双了句"表示已然事件,宾语有定。例如:

(129)(洁云)下了/liao⁴⁴/药了/lɛ²¹/,我回夫人话去,少刻再来相望。(元《西厢记杂剧》)

(130)及至醒来问时,已是下峡,过了/liao⁴⁴/中峡了/lɛ²¹/。(《王安石三难苏学士》)

(131)说:"我儿还了/liao⁴⁴/愿了/lɛ²¹/?"(《玉堂春落难逢夫》)

这三例都是已然事件,词尾"了"与动作动词结合,含完结义,句尾"了"表已然实现。例(129)词尾"了"表示"下药"事件完结,句尾"了"表示"下药"是一个已然实现的新情况。例(130)词尾"了"表完结,句尾"了"表示在"醒来问时","过了中峡"这个事件已然发生。例(131)词尾"了"表完结,句尾"了"表已然实现。这些例句中的宾语都是交际双方已知信息,为有定名词结构。

4."V+了/lɛ²¹/+O+了/lɛ²¹/"

(132)王质不敬其父母,曰:"自有物无始以来,自家是换了/lɛ²¹/几个父母了/lɛ²¹/。"(宋《朱子语类》)

例(132)"换了几个父母"是过去事件,词尾"了"不含完结义,仅表已然实现,句尾"了"是完成体用法。

第3、4类"双了句"之间的区别是第3类"双了句"宾语有定,是双方已知信息,动词是动作动词,词尾"了"表示动作的完结,句尾"了"为完成体,用完结体和完成体搭配表达事件在参照时间已然完结,参照时间可以是过去、现在或将来,如"我明儿个这个时候儿都吃了/liao⁴⁴/饭了/lɛ²¹/我明天这个时间就吃完饭了。"而第4类"双了句"宾语无定,整句表达在参照时间已然发生的过去事件,不含完结义,词尾"了/lɛ²¹/"为表过去事件的完整体,句尾"了/lɛ²¹/"是完成体,参照时间只能是过去或现在(说话时间),不能是将来。例如,不能说"*我明儿个吃了俩馍了。"

另外,在宋代,被动句和处置句中的词尾"了"有因宾语提前而落在句末与句尾"了"合并的例子。例如：

(133)这孩儿底父既已被人杀了,郎主不若更杀其子,将来又免被人鱼肉。(宋《南迁录》)
(134)是他枉死,气未散,被爆杖惊散了。(宋《朱子语类》)
(135)而今看道理不见,不是不知,只是为物塞了。(宋《朱子语类》)
(136)今人把学问来做外面添底事看了。(宋《朱子语类》)
(137)今谢氏却只将这两句来笼统说了。(宋《朱子语类》)
(138)故当时听之者止一二句,皆切于其身,今人将数段只作一串文义看了。(宋《朱子语类》)

例(133)—(135)三个例子是被动句中表已然实现的词尾"了"落在句末与句尾"了"合并的例子。例(136)—(138)是处置句中表已然实现的词尾"了"落在句末与句尾"了"合并的例子。这种合并现象算是第4类"双了句"的变形。

四种类型的"双了句"均初见于宋元时期。

3.3 "了"的语法化路径与特点

3.3.1 鄢陵方言"了"的语法化路径

鄢陵方言"了/liao^{44}/"表完结,"了/liao^{21}/"表非已然达成,"了/lɛ^{21}/"表已然实现,三者在各自核心语义的基础上都有进一步的演化发展。

语音相同的各用法之间的演化距离更近,在前文中,我们按语音不同分三组讨论了鄢陵方言"了"的演化。"了"表完结义的用法初见于六朝时期。六朝语料中完结义动词"了"位于从句句尾表示事件次序(事件1完结后发生事件2),"了"前可加副词修饰,说明表示事件次序的完结义"了"动词性仍比较明显。唐五代时开始有完结义的词尾"了"(用在动词后、宾语前),但例子较少,宋代才有大量词尾完结义"了"用例。宋代词尾完结义"了"位于动宾之间,句法位置黏着,语义指向动词,仅表动词动作的完结,不具有动词性。宋代完结体"了"主要还是用在多事件句中表次序,元代时有词尾完结体用在单句中的用例[如例(129)—(131)]。今鄢陵方言中的词尾完结体"了/liao^{44}/"至少在元代时已发展成熟。

语言的演化具有单向性,"了/liao²¹/"的语音弱化程度比"了/lɛ²¹/"低,所以表非已然达成的轻声"了/liao²¹/"只可能从"了/liao⁴⁴/"演化而来,不可能从表已然实现的"了/lɛ²¹/"虚化而来。从句句尾和词尾非已然达成义的"了"在唐五代时期均已有大量用例,而词尾完结体"了/liao⁴⁴/"在宋代始有大量用例,所以最有可能的情况是位于从句句尾的完结动词"了/liao⁴⁴/"在完结义虚化后产生非已然达成义的"了",其后非已然达成义的"了"进入词尾位置,演化为达成体。词尾达成体"了"在"V+C+了"结构中演化为可能补语结构助词;而从句句尾表时间次序的"了"语义进一步虚化,位于具时点义的结构后形成相对时先时标记用法,位于不具时点义的结构后则形成假设条件助词和话题标记用法。

　　在前文,我们依据语音演化的单向性特征判断,不可能是从"了/lɛ²¹/"演化为"了/liao²¹/"。我们再来看有没有可能是从"了/liao²¹/"弱化为"了/lɛ²¹/"。

　　按语音弱化表象来看,似乎演化路径为"了/liao⁴⁴/"→"了/liao²¹/"→"了/lɛ²¹/",但是考虑到以下几点。①"了/liao⁴⁴/"可表已然和非已然完结,"了/liao²¹/"只表非已然达成,"了/lɛ²¹/"只表已然实现。如果是"了/liao⁴⁴/"→"了/liao²¹/"→"了/lɛ²¹/"的演化路径,即为"表已然和非已然"→"表非已然"(→"表非已然兼表已然")→"表已然",其间必然多出一个从"表非已然"语法化为"表非已然兼表已然"再磨损为"表已然"的过程,冗余且没有必要。而直接从"表已然和非已然"按已然与否分化为"表已然"加"表非已然"更简洁,更符合语言发展规律;②我们考察了北大语料库清代以前"了"的语料,发现表非已然达成的"了"始见于唐代,而表已然实现的"了"六朝时已有用例(例子较少,北大语料库中仅见一例),唐代已有大量用例出现。按出现年代来看,表非已然达成的"了"出现时间并不早于表已然实现的"了",没有证据证明"了/liao²¹/"和"了/lɛ²¹/"之间有演化关系;③语法化程度更高的表时(tense)意义的"了"在今鄢陵方言中读"/liao²¹/"。时标记语法化程度比体标记更高,但其读音弱化程度却不比完成体"了"高,这正是因为小句尾表时意义的"了/liao²¹/"与句尾表完成的"了/lɛ²¹/"位于不同的演化分支,并不处在同一个语法化链上。

　　综上所述,我们推断表已然实现的"了/lɛ²¹/"应该是直接来自表已然/非已然完结的"了/liao⁴⁴/"而不是表非已然达成的"了/liao²¹/"。"了/liao⁴⁴/"完结义磨损后,依据"已然"或"非已然"的条件产生了不同的演化分支。

　　表已然实现的"了/lɛ²¹/"也有词尾和句尾两个句法位置。词尾"了/lɛ²¹/"为完整体,表示过去事件。句尾"了/lɛ²¹/"为完成体,表示在参照时间具有根情态相关性的已然实现。句尾"了/lɛ²¹/"还可与"太/忒"等构成框式结构,表感叹或肯定语气。句尾和词尾"了/lɛ²¹/"的出现年代有差别(句尾表完成的"了/lɛ²¹/"六朝时已有一例,唐代用例增多;词尾"了/lɛ²¹/"唐代始有用例,宋代才开始大量出现),二者有演化关系。从完成体"了"到表感叹或肯定语气的"了"的演变也比较清晰。

综上,鄢陵方言"了"的语法化路径如图3-1所示(图中加粗部分为现代鄢陵方言中仍有的用法)。

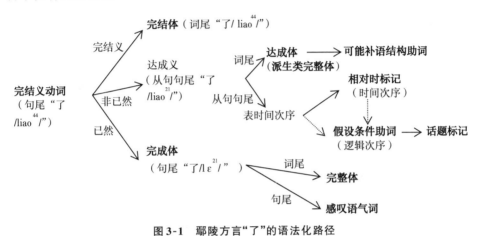

图 3-1 鄢陵方言"了"的语法化路径

鄢陵方言"了"的语法化是一个非常复杂的过程,不是单链式演化,而是呈树状分支的多线程语法化。

3.3.2 "了"的演化特点与语法化单向性假说

鄢陵方言"了"的演化表现出几个特点:①多线程性;②语境和句法位置对于语法意义的演化有重要影响;③有相同来源的不同语法形式,语音弱化程度低的不一定语法化程度低。

1. 多线程性

保留了完结义的"了"进入词尾位置,演变为完结体,完结义虚化的"了"依据已然与否产生了"了/liao²¹/"和"了/lɛ²¹/"的分化,然后三个读音的"了"分别又有词尾和句尾(或从句句尾)位置的分化。

2. 语境和句法位置对于语法形式的演化有重要影响

语境和句法位置对于语言的演化有重要作用。句尾/小句尾位置的虚词成分位于句法结构的上层,更容易与时间参照有关系,而词尾位置的语法形式语义指向动词,管辖范围小一些,一般没有参照时间相关性。从句句尾"了/liao⁴⁴/"表完结,用在多事件句前句尾表时间参照(前句完结时点是后事参照时点)或次序(前事完结后发生后事)①;从句句尾"了/liao²¹/"是时标记、假设条件助词或话题标记;句尾"了/lɛ²¹/"是完成体。这三种句尾"了"除了表示动词进程外,都与全句的时间有紧密联系。三个读音的"了"在进入词尾位置后,语义都指向动词,分别发展成三种体标记。

3. 有相同来源的不同语法形式,语音弱化程度低的不一定语法化程度低

近年来,有学者提出普通话中的"了"有从体助词向时标记演化的趋势。得出这样的结论,一方面是因为普通话虚词"了"只有一个读音,时标记用法未能从语音形式上与体助词区分开,大家普遍认为普通话"了"是体助词,其表"时"的用法是在"体"的基础上产生的一个新的语法意义;另一方面是时标记的虚化程度更高,关涉整个事件(体有可能仅管辖动词结构,也有可能管辖整个事件),位于句法结构的上层,主观性程度更高。从体到时的演化也符合语法化单向性假说,但从有语音分化的方言角度来看,事实似乎并不是这样。

鄢陵方言小句尾的"了/liao²¹/"可作先时标记、假设条件关系助词、话题标记,其语法化程度比体助词"了/lɛ²¹/"更高,但语音弱化程度却更低一些。出现这种语音弱化程度与主观性程度/语法化程度不对称的现象,是因为鄢陵方言"了"的演化是呈树状多链而不是单链进行的。"了"的时标记形式"了/liao²¹/"和体助词"了/lɛ²¹/"分别位于不同语法化链上,二者没有直接演化关系,所以不构成语法化单向性假说的反例。在鄢陵方言"了"的各个演化分支单链中,语法化的单向性都得到了很好的体现:在各演化单链中,越接近本义的用法语法化程度越低;各用法之间,演化距离越近的相似性越高。

---

① "了/liao⁴⁴/"虽然也可以表示参照时间和逻辑次序,但"完结义"和语音形式都未虚化,所以不能认为是时标记。

第四章　中原官话"着"的语法化

汉字不能记录语音的变化,光看字形可能会忽略语音改变带来的意义变化。例如,"我叫饭吃了"中的"了"在鄢陵方言中读"/liao^{21}/"时,表非已然,即"我要把饭吃了";读"了/lε^{21}/"时表示"我已经把饭吃了"。这样的情况只看文字是看不出意义区别的。我们在梳理古籍语料时,需要先了解亲属方言中尽可能多的语法变体,在现有变体的基础上梳理文献会有更准确的解读。上一章我们从鄢陵方言三种不同读音代表的语法意义出发分析历时语料,得出鄢陵方言中"了"的演化路径和特点。接下来我们尝试从多点方言语法变体出发,研究中原官话"着"的语法化。

前面提过,由于语法化过程的层次性(Layering),语法化各阶段的用法可能在共时层面共存(新的语法形式的产生并不意味着旧的语法形式的消失)。同一词语在亲属方言中的不同语音及语法形式是其语法化不同阶段在共时层面的表现。中原官话不同方言中"着"的用法都是汉语"着"演化路径中出现过的语法形式,它们可能处于同一演化链,也可能处于不同演化分支。我们从中原官话次方言中找到尽可能多的语法变体,可以更好地描述"着"的演化,得到更全面的演化路径,从而了解其演化最大可能性(这里的最大可能性是就研究范围来说的,本书用的是中原官话多次方言的变体形式,所以是中原官话中"着"的演化最大可能性,如果把研究材料进一步扩展到汉语各个次方言中的变体形式,就可以得到"着"在汉语中演化的最大可能性)。

接下来我们先分析"着"在鄢陵方言及中原官话其他多个次方言中的不同语法意义,而后讨论这些共时变体的演化路径,最后综合分析中原官话"着"的语法化。

4.1　鄢陵方言中"着"字的用法

"着"在古籍中有"著""着"两种写法,最初的写法是"著","着"是后起的。《广韵》记录"著"有清浊两读,即"知母药韵(清声母)""澄母药韵(浊声母)"。据王力

(1958),"著"有知母御韵("显著"义,"著书"义)、澄母药韵("附着"义)和知母药韵("著衣"的"著"),形尾"着"来自表"附着"义的浊音"着"。梅祖麟(1988)认为"着"有四个音韵地位:知母药韵、知母语韵、澄母药韵、澄母御韵,他认为声母的清浊是方言不同的差别。白一平、沙加尔(2014)认为"著"有两个上古语音构拟形式:著 *t<r>ak(放置 zhuó)和著 *t<r>ak-s(放置的地方、明显 zhù),上古铎部*-ak中古演变为药韵,加*-s尾变成御韵。

今鄢陵方言中与"着(著)"相关的有五个读音:动词性的"□/tsuo³¹/放置、搁""着/tʂuo⁵²/容纳,着火,沾染,接触""□/tʂaŋ⁵²/放调料或食材,用""□/tsao²⁴/触摸";后置词"着/tʂuo⁵²⁻²¹/"(后置词声调不弱化时为阳平52调,声调弱化时为轻声21调)。

4.1.1 动词性的"着"

1."□/tsuo³¹/"

动词"□/tsuo³¹/"的意思是"放置",要求宾语是处所或方位词,使用范围受限,常用场景是厨房,例如:

(1)箅子□/tsuo³¹/锅里头读合音/liou⁴²/。
(2)叫锅□/tsuo³¹/火上把锅放在灶上。

放置义"着"在六朝时已有用例。例如:

(3)片割,着釜中,不须削毛。(六朝《齐民要术》)
(4)以苦酒六斗,盛铜盆中,着火上,使小沸。(六朝《齐民要术》)

2."着/tʂuo⁵²/"

"着/tʂuo⁵²/"主要有三种语义:"燃烧""容纳""附着、沾、接触"。作"容纳"解读时,主语须是具有容器性质的物体或处所;作"附着、沾、接触"解读时,一般是夸张用法。例如:

(5)头发着燃烧了。
(6)这个读合音/tʂuo³¹布袋儿小了,着容纳不下。
(7)这个读合音/tʂuo³¹仓库管可以着容纳十吨粮食。

(8) 忙哩得脚不着沾地儿。
(9) 成天 $^{Z}_{/\text{t}ɕ\text{ie}}^{\text{h}21}$ 不着沾,接触窝儿。(上标Z表示子变韵)

例(5)是"燃烧"义的"着";例(6)(7)是"容纳"义的"着",主语须是能够容纳别的东西的器具或处所;例(8)(9)是"附着"义的"着"。这三种用法中,古籍中出现最早的是"附着、沾、接触"义,初见于战国时期;"燃烧"义始见于六朝;"容纳"义见于五代(并不是说三者有演化关系,在此仅列出史料中出现年代,"着"的演化见后文分析)。例如:

"附着、沾、接触"义:

(10) 上不属天而下不着地(战国《韩非子》)
(11) 其深者下着黄泉,浅者数丈。(东汉《太平经》)

"燃烧"义:

(12) 火既着,即以扫帚扑灭,仍打之。(六朝《齐民要术》)
(13) 屋内四角着火。火若在一处,则冷热不均。(六朝《齐民要术》)

"容纳"义:

(14) 僧举似师,师云:"不可一个棺里着两个死尸。"(五代《祖堂集》)
(15) 师问安和尚:"只这一片田地,合着什摩人好?"安和尚云:"好着个无相佛。"(五代《祖堂集》)

3. "□/tṣaŋ^{52}/"

动词"□/tṣaŋ^{52}/"也有两种意思。一是表示"放调料或食材",其后宾语可以是调料/食材,如例(16)(17),也可以是放置的处所,如例(18)。另一用法主要表示"用(工具、材料或身体部位,如"手""脚"等)做某事"。例如:

(16) 菜里头读合音/liou^{21}/没有读合音/mou^{44}/□/tṣaŋ^{52}/盐吧。
(17) (面条儿)他不舍得□/tṣaŋ^{52}/菜,咋会好吃哩?

(18)□/tṣaŋ⁵²/锅里头读合音/liou⁴²/。
(19)没有读合音/mou⁴⁴/筷儿了,你□/tṣaŋ⁴⁴/手用手拿着吃吧。
(20)他□/tṣaŋ⁴⁴/小擀杖儿打我!①

例(16)中"□/tṣaŋ⁵²/"是"放调料"义;例(17)是"放食材"义;例(18)是"放到某处"义。例(19)(20)中"□/tṣaŋ⁴⁴/"是"使用工具"义。
"放置调料"义在六朝《齐民要术》中使用频率很高,"着+调料""着+处所"都有用例。例如:

(21)直阴干,不着盐。(六朝《齐民要术》)
(22)着浑豉、盐、擘葱白、姜、椒、荜拨、胡椒,禽调适。(六朝《齐民要术》)
(23)葱白一升,着肉中合煮,使熟。(六朝《齐民要术》)
(24)先切去皮,煮令熟,着水中,车轮切,百瓜用三升盐,蜜一斗渍之。(六朝《齐民要术》)

例(21)(22)"着"表示"放置调料/材料";例(23)(24)是"放置到某处"。
古籍中"着"的"使用、用"义用法列举如下。

(25)牧童敲火牛砺角,谁复着手为摩挲。(唐·韩愈《石鼓歌》)
(26)如推车子相似,才着手推动轮子了,自然运转不停。(宋《朱子语类》)
(27)不要别样铁,着镔铁打。(元《朴通事》)
(28)那厮们怕帘子,亮窗里面把帘子慢上,着钉子钉在三四处,着锢钑儿钉在两三处,把了吊子叩上了,将指头来大小的长铁条儿插在锢钑里,门子开了,腰拴插的牢,这般堤防时,怎么得入去?(元《朴通事》)

例(25)表示"用手摩挲";例(26)是"用手推动轮子";例(27)是"用镔铁打";例(28)是"用锢钑儿钉在两三处"。今鄢陵方言用"着手"表示"用手"或"动手",例如:

(29)你白别□/tṣaŋ⁵²/手了你别沾手了/你别动手了。

---

①这种表示"使用工具"义的"□/tṣaŋ⁵²/"也有学者认为本字是"掌"。

例(19)中的"□/tṣaŋ⁴⁴/手"与例(29)"□/tṣaŋ⁵²/手"声调有些不同,前者是"使用工具或材料"义(介词用法),后者(阳平)是从"沾,接触"义推理来的"沾手/动手"义。后者本字是"着",前者本字可能是"着",也可能是"掌"。因二者语音相近,都有"□/tṣaŋ/手"(只是前者是介词用法,后者是动词用法)用例,且"着"在古籍中还有不少表示"使用"义的例子,所以本文将"使用(工具)"义的"□/tṣaŋ⁴⁴/"也暂列在"着"的动词用法中。

4."□/tsao²⁴/"

"□/tsao²⁴/"意思是"触碰、摸"。例如:

(30)脏,白别□/tsao²⁴/ 脏,别摸/别碰。
(31)他□/tsao²⁴/了一下可就坏了 他摸/碰了一下就坏了。

"触碰"义"着"字句始见于六朝。例如:

(32)着之污人手。(六朝《齐民要术》)
(33)今朝忽见渠姿首,不觉殷勤着心口。(唐《游仙窟》)

以上是鄢陵方言动词"着"的有关用法,下面介绍后置词"着/tṣuo⁵²⁻²¹/"的用法。

4.1.2 后置词"着/tṣuo⁵²⁻²¹/"

1."着/tṣuo⁵²⁻²¹/"作结果补语

"着"可作结果补语使用。补语"着"在不同色彩语境中有声调分化。消极达成(造成不好的结果)读轻声,积极达成(结果是积极的)声调未弱化,读阳平。它们虽然声调不同,但都表示"特定结果达成"义,是结果补语用法。例如:

(34)吓着/tṣuo²¹/了、气着/tṣuo²¹/了、晒着/tṣuo²¹/了、冻着/tṣuo²¹/了、吃着/tṣuo⁴²/[①]了

---

① 轻声在阴平/24/后读中降调/42/,比阳平/52/略低。

(35)睡着/tʂuo⁵²了、猜着/tʂuo⁵²了、买着/tʂuo⁵²了、说着/tʂuo⁵²了、找着/tʂuo⁵²了

例(34)中短语表示"吓""气""晒""冻""吃得太多"等造成了不好的结果(大多是导致生理上的不舒服),"着"表示这些特定结果的达成。例(35)中是积极事件,"着"表示达成了积极的结果。"买着了",即是"买对了,买好了,买划算了","说着了"是"说到重点了,说对了",都是表示特定结果的达成。

2. 引语标记、标句词用法

鄢陵方言"着"可以附在"说""□/ɕie⁵²/□/xuo²¹ ᵥᵢₑ""骂"等言说义动词后,带直接引语或间接引语。若"言说"义动词后带有引语标记"着",则必须带引语。"着"在此没有实义,只起到介引直接引语或间接引语的作用。例如:

(36)*他说着,*他骂着,*他□/ɕie⁵²/□/xuo²¹ ᵥᵢₑ 着。
(37)他说着他去哩。

"言说"义动词后带"着",必须带有引语内容才合语法。例(36)中,"说着""骂着""□/ɕie⁵²/□/xuo²¹ ᵥᵢₑ 着"等结构后没有引语内容,感觉句子没有说完,缺少成分,因而不合语法。例(37)"他说着他去哩"中,"他去哩"是间接引语,"着"在此起到的作用是介引引语内容。

与普通话引语标记"道"相比,"着"与动词的连接更紧密一些。若言说动词带有言说对象宾语,"着"须放在宾语前。例如:他问着我,"你咋不去啊?"("他问着我"后也必须带引语内容,否则也不合语法)而普通话引语标记"道"则是位于动词宾语后,如"问张三道:……"

"着"可以介引直接引语和间接引语。例如:

(38)A:你咋不找小王啊?
　　B:他说着他不管了。
　　A:他不管了?他咋说哩啊?
　　B:他说着"我再管你哩事儿我不是人。"
(39)他给那儿 ᵢₙ那ᵢₑᵣ 喊着:"谁去?"
　　小明说着:"我去。"
(40)他问着我:"嗯,你咋不去呀?"

(41)他说着他去。

例(38)中"他说着他不管了。"是介引间接引语,"我再管你哩事儿我不是人。"是直接引语;例(39)(40)引号中的内容是直接引语;例(41)是间接引语。

除了"言说"义动词之外,"写""想"之类可以加谓词性宾语的动词也可以用"着"介引"写"或"想"的内容。例如:

(42)我想着他今儿兴_{大概}不回来嘞_{我想他今天大概不回来了。}
(43)信上写着"明儿个回来"。

这些例句中的"着"与状态持续义无关,与介引涉及对象的"到"义相关性较强。

3. 动补结构助词

"着"还可加在心理感觉类或动作类动词后介引小句。例如:

(44)眼看着快冬天了,他咋还没有信儿哩。
(45)你听着这个歌儿好听哦?
(46)我看着这个人不中。
(47)我吃着这个菜不咸,你吃着啥样儿啊?
(48)我用着这个东西可好用。

这类"V1+着+S+VP2"句中的动词一般是心理感觉类或动作类动词,其后宾语小句的主语是V1的动作对象,VP2是对S描述的成分。例(44)"眼看着(时间)快冬天了"中,宾语小句"(时间)快冬天了"中的"(时间)"是"眼看"的对象,也是"快冬天了"的描述对象;例(45)"这个歌儿"是"听"的对象,也是"好听"的描述对象;例(46)"这个人"是"看"的对象,也是"不中"的描述对象;例(47)"这个菜"是"吃"的对象,也是"不咸"的描述对象;例(48)"这个东西"是"用"的对象,也是"可好用"的描述对象。

这类句子中,若宾语小句的主语是交际双方已知的旧信息,也可以提前成为全句话题,"着"介引动作对象的功能进一步磨损,成为动补结构助词。例如:

(49)这个人看着不中。
(50)这个菜吃着不咸。
(51)这个路走着不好走。
(52)(这个事儿/这个话)说着容易做着难。
(53)(他)说着不听,打着倒退。

"着"的这个用法在普通话中也有,有些学者解释为"V起来",具有补语性质。石毓智(2006)提到"这事听着都新鲜"这类用法时,认为这里的"着"表示"动作发生之后所引发的另一性质",并认为这也与"着"可以表示动作结束之后的持续状态有关。但从语义来看,此处的"着"与介引对象用法联系较为紧密。它们的关系我们后面在讨论"着"的语法化时还会提到,此处主要介绍"着"的共时用法,暂不展开论述。

4. 持续体

鄢陵方言"着"附在动词后表示动作所引发状态的持续,单用不表"进行"。"着"可跟表"进行"的"哩""正……哩""给那儿……哩"等结构组合使用。例如:

(54)a.他正挂着画儿哩。　　　　b.他正挂画儿哩。
(55)a.正做着饭哩。　　　　　　b.正做饭哩。
(56)a.他听着听力哩,你白打搅他。　b.他听听力哩。
(57)a.给那儿哭着哩。　　　　　b.给那儿哭哩。
(58)a.吃着哩。　　　　　　　　b.正吃哩。

例(54)—(58)这些句中都含有表"进行"的成分。a句与b句相比,加了"着"之后强调正处于动作引发的状态中。"着"表示状态持续,不表"进行"。

"着""哩"经常连在一起使用,还可以与形容词组合,意义进一步虚化,表强调语气。例如:

(59)热着哩。
(60)大着哩。
(61)好着哩。

例(59)中"热"是一种可变化的状态,在这个句子中,"着哩"有三种解读:①"热"解读为动词"加热",正处在加热中;②还是热的,不凉("热"状态持续);③表示强调语气,如"你白看_别看_就烧了一下,热着哩!"。例(60)(61)中"大"和"好"都是稳定性质,一般在没有外力介入的情况下不易变化(排斥"进行"和"持续"义解读)①,"着哩"就只解读为强调语气作用。

"着"还可用在祈使句句尾。如果祈使句谓语是动词性的,可以直接加"着",也可在"着"后加"点儿";如果是形容词性的,必须在"着"后加"点儿"。鄢陵方言带"着"的祈使句一般与持续状态相关,如果祈使句的动词是需要有持续外力输入才能进行的动作(强调动作进行义),则不能用"着"。例如:

(62)"看着!""等着!""站着!""拿着!""骨堆着!"
(63)"*写着!""*敲着!""*跑着!"

例(62)中的这些祈使句是命令听话人处于某种持续状态,状态达成后可以不用外力即可保持。例(63)中的这些祈使句的意思是命令开始进行某个动作,必须有持续外力输入才可保持动作。而鄢陵方言中"着"一般表状态持续,不表动作进行,所以只能用于例(62),不能用于例(63)这些祈使句中。

带"着"的祈使句,若谓语是形容词,则一般是可人为控制的性状。例如:

(64)"快着点儿!""慢着点儿!""斜着点儿!""高着点儿(称东西时,让秤杆翘起来)!"

5. 表方式、目的和其他

"着"还可以表示动作行为方式,例如:

(65)站着吃。
(66)挺_躺_着看书该近视眼儿了。
(67)趋_小步,脚挨着地面_着走,鞋都趋烂了。
(68)你要这个_读合音/tʂuo³¹_样儿着说,我都_就_没法儿了。_你要这样说我也没办法。_
(69)你再这个_读合音/tʂuo³¹_样儿着该挨打了啊!

---

① 一般情况下会有变化的性质与"着哩"结合才有可能有"进行"或"持续"义解读。例如,"热着哩"表进行时是表示正在加热中(变热),表持续时是表示"热"的状态持续(状态没有变化,没有变凉)。

例(65)(66)"站着"和"挺着"可解读为伴随状态,也可以解读为方式。整句表述重点在于其后的"吃""看书",所以更倾向于解读为方式。例如:"A:也没有个墩儿_{小凳子},咋吃啊? B:就那站着吃"。"咋吃"询问的是方式,"站着"为"吃"的方式。例(67)"趋"是脚贴地走动的一种走路方式,只能解读为方式,不能解读为伴随状态。例(68)"这样儿着"是指"说"的角度/方式。例(69)"这样儿着"后省略了动词,补全后应表述为"这样儿着干"。

"着"还有表目的或原因的用法。例如:

(70)他急着弄啥哩?
(71)他等着看手机嘞。

例(70)"急着"后接表目的的成分。"他急着弄啥哩?""他急着回家哩。"例(71)"看手机"是他接下来要做的事情,也可以视为"等"的目的。

另外,鄢陵方言中有一个比较复杂的表达"咋着",可以指代方式,也可用来询问原因。例如:

(72)人家咋着咱咋着。_{别人怎么办我们就怎么办。}
(73)咋着了呀?

例(72)意为"别人怎么办我们就怎么办"。"咋着"在此指代方式,后面不能带动词。如果询问方式,用"咋",如"咋吃""咋弄""咋去"等,不能说"咋着吃?""咋着干?"例(73)询问是原因,这个询问原因的"咋着了?"与结果补语"着"用法联系紧密,可以用结果补语"着"结构回答"咋着了"的问句。例如:

(74)A:他这是咋着了啊?
    B:吓着了。

以上是鄢陵方言中动词和后置词"着"的相关用法。接下来我们看一下中原官话其他方言片区中"着"字的其他用法,力求找到尽可能多的方言共时变体。

另外,鄢陵方言中"着"还可以做介词"x着"的词内成分(如"依着""凭着"等)。

4.2 中原官话其他方言片区"着"字的用法

中原官话"着"除上面提及的"介引动作对象""结果补语""标句词、动补结构助词、引语标记""持续体、方式、原因"外,大体还有表使役、被动;时间、方位介词;语气词、先行义助词;结构助词;相对时标记、假设条件助词、话题标记等用法。

4.2.1 表使役、被动

"着"表使役、被动的用法常见于西南官话,在北方官话中少见。王娜娜(2019)提到,甘肃庄浪方言(中原官话陇中片)中的"着"具有使役义、遭受义和致使义等用法。例如:

(75) 东西太多了,我着小王给你帮忙来 东西太多了,我让/叫小王给你帮忙。
(76) 兀个菜完了,不要着奶奶吃了 那个菜坏了,不要让/叫奶奶吃。
(77) 着老师晓得了,你可挨打恰 让/叫老师知道了,你又要挨打了。
(78) 麦子着水泡了 麦子被水泡了。

例(75)(76)中的"着"为使让用法;例(77)(78)中的"着"表被动。

4.2.2 时间、方位介词

在甘肃通渭(中原官话陇中片)[①]、庄浪(中原官话陇中片)[②]、临夏(中原官话河州片)[③]等方言中的"着"有表时间、处所的用法。

1. 方位介词"着"

"着"与处所词结合成介宾短语,置于谓词后作补语,表示处所(具体处所或抽象地点)。例如:

[①]"着"在甘肃通渭方言中可用作介词,表时间、处所;用作助词,表动态、结构、语气,作为语素构成代词和重叠式的形容词、副词等(苏建军,2010)。

[②]甘肃庄浪方言的"着"可用作使役和被动,还可以作处所介词、动态助词,表祈使语气、疑问语气词(王娜娜,2019)。

[③]甘肃临夏方言的"着"可作处所介词、动态助词,时标记,语气词(用在祈使句、陈述句、疑问句中)(张建军,2007)。

(79) 红花插着粪堆上——可惜。(临夏方言,张建军[2007]用例)
(80) 好名声留的着世上。("的"可省略)(临夏方言,张建军[2007]用例)
(81) 我把钱存着信用社里了。我把钱存到信用社里了。(通渭方言,苏建军[2010]用例)
(82) 鸟班上的英语上着啥一课了? 你们班的英语上到哪一课了?(通渭方言,苏建军[2010]用例)
(83) 捏睡着炕上不动弹。他睡在炕上不动弹。(庄浪方言,王娜娜[2019]用例)
(84) 你给曹把日历挂着墙上。你给咱把日历挂在墙上。(庄浪方言,王娜娜[2019]用例)

例(79)(80)为甘肃临夏方言,例(81)(82)为甘肃通渭话,例(83)(84)为甘肃庄浪方言,结构均为"V+着+某处","着+某处"依附于其前动词,不能单用,"着"为处所介词用法。

2. 时间介词"着"

在甘肃通渭方言(中原官话陇中片)中,"着"可与时间词结合成介宾短语置于谓词后。苏建军(2010)用例如下:

(85) 你养着几月里着来? 你出生在几月里呢?
(86) 我大学毕业着九〇年。我在九〇年大学毕业。
(87) 你爸爸教书教着啥时候退休来? 你爸爸教书教到啥时候退休呢?
(88) 楼房修着啥时间就成了? 楼房修到啥时间就成了?

时间介词用法的"着"句法结构为"V+着+时间词",可表示"在某时",如例(85)(86)表示"在几月里出生""在九〇年大学毕业";也可以表示"到某时",如例(87)(88)表示"教到什么时候""修到什么时候"。"着+时间词"后附于动词,"着"为时间介词用法。

4.2.3 语气词、先行义助词、结构助词

1. 语气词

甘肃庄浪(中原官话陇中片)、通渭(中原官话陇中片)、临夏(中原官话河州片)、山西洪洞(中原官话汾河片平阳小片)等地语气助词"着"的用法丰富,可表祈使、疑问、陈述肯定等语气[①]。

---

① "着"表语气的用法不仅中原官话有,西北地区的兰银官话也常见"着"表语气。

1) 用在祈使句中,表命令、嘱咐、警告等语气

(89) 你缓着。你歇着吧。(临夏方言,张建军[2007]用例)
(90) 大路过时看着些。过马路看着点。(临夏方言,张建军[2007]用例)
(91) 走路的时节操心着!走路的时候当心点!(庄浪方言,王娜娜[2019]用例)

中原官话陇中片、河州片表祈使语气的"着"与鄢陵方言祈使句中的"着"不同。鄢陵方言祈使句中的"着"虽然也是用于祈使句尾,但具有明显的持续义,如果是表示动作义的祈使句则不能用"着",所以还未虚化为祈使语气词。而甘肃方言祈使句的"着"虚化程度更高,如例(91)。从句法位置上看,"着"位于动宾结构"操心"后,与动词距离较远,语义管辖范围包括全句,已经虚化为语气词。

2) 陈述句中表肯定语气

"着"除了可以表示祈使语气外,还可以表示肯定语气,在临夏方言(中原官话河州片)中可以与其他语气词组合使用,如"呢着"。

(92) 她待你再不好了着,你的阿娜就是哩。她虽然待你不好,可她终究是你的母亲。(临夏方言,张建军[2007]用例)
(93) 我的话还没说完呢着。(临夏方言,张建军[2007]用例)
(94) 曹生活过着够入板着。咱们生活过得够好的。(通渭方言,苏建军[2010]用例)
(95) 我恓惶我外奶奶着。我想念我外婆的。(通渭方言,苏建军[2010]用例)

例(92)(93)是甘肃临夏方言,例(94)(95)是甘肃通渭方言,"着"用在句尾表肯定语气,虚化程度很高。语气词"着"可以放在其他语气词后,如例(93)的"呢着"。"着"位于语气词"呢"之后,也可以看出其句法位置位于上层,是语气词用法。

3) 疑问语气

除了祈使和肯定,"着"还可表疑问语气。例如:

(96) 你咋恰着?你要去干什么?(庄浪方言,王娜娜[2019]用例)
(97) 你爸爸一大早哪搭去了着?你爸爸一大早去哪里了?(庄浪方言,王娜娜[2019]用例)
(98) 你想吃点啥着?你想吃点什么呢?(通渭方言,苏建军[2010]用例)
(99) 我说上些啥是好着?我说些什么是好呢?(通渭方言,苏建军[2010]用例)

例(96)(97)是甘肃庄浪方言,例(98)(99)是甘肃通渭方言。在这些例子中,"着"位于句尾表疑问语气。王娜娜(2019)提到,庄浪方言的"着"放在疑问句的末尾,一般是带有情绪的提问,或表示不情愿,或表示厌恶。苏建军(2010)认为,通渭方言表疑问语气的"着"放在句尾,相当于"呢"。

值得一提的是,张建军(2007)、王娜娜(2019)都把意为"再说"的"着"字句用例与祈使语气用例归为一类,这类用法邢向东(2004)等学者称为先行义用法。例如:

(100)饭吃饱了着。(临夏方言,张建军[2007]用例)
(101)饭吃罢了着!_{饭吃完了再说!}(庄浪方言,王娜娜[2019]用例)

这也证明了"先行义"的"着"与"祈使语气"语义联系比较紧密。

2. 表先行义

先行义的"着"分布范围很广(先行义的"着"意为"再说",先行义的"着"字句语义为"先……再说"),中原官话、兰银官话、西南官话、江淮官话(鄂东地区)、晋语、赣语及湘语等方言中,都有用"着"表先行义的现象(邢向东,2004)。例如:

(102)叫我把饭吃了着。(同心方言)
(103)叫我把事情弄毕了着/tʂə/。(陕西商州杨家塬方言,邢向东[2004]用例)
(104)甲:赶快吃饭吧!
　　　乙:先把作业做好了着。(陕西平利洛河方言,邢向东[2004]用例)
(105)先睡觉,明儿着。(户县方言,孙立新用例)

例(102)意为"叫我把饭吃了再说";例(103)意为"叫我把事情弄完了再说";例(104)意为"先把作业做好了再说";例(105)意为"先睡觉,明儿再说"。

"先行义"区别于"祈使语气"的很重要的一点是,前者不必涉及听话人,只表明事件顺序(祈使句一定是对听话人说的)。先行义一般隐含了另一件事情,"先做完事件1,再说事件2"。"叫我把饭吃了着""叫我把事情弄毕了着"等,都是"我"做某事,只是提供一个事件排序信息,并不涉及对听话人的命令。例(104)中,甲对乙说"赶快吃饭",乙说"先把作业做好了着"。事件1"把作业做好了"和事件2"吃饭"都是说话人的动作,都不涉及听话人。从这里也可以看出先行义"着"

是独立于祈使语气词"着"的一个新的语法形式。

3. 结构助词

在甘肃通渭方言(中原官话陇中片)和青海西宁方言(中原官话秦陇片)中,"着"还有表结构助词的用法。例如:

(106)我把兀憎恶着很。我把那人讨厌得很。(通渭方言,苏建军[2010]用例)
(107)今年庄农长着赶满年好。今年庄稼长得比往年好。(通渭方言,苏建军[2010]用例)
(108)兀个人丑着失色来。那个人丑得出奇。(通渭方言,苏建军[2010]用例)
(109)我一挂冷着没吃住。(《西宁方言词典》)
(110)家普通话说着胡都好。(《西宁方言词典》)

例(106)—(108)三个例子是甘肃通渭方言用例,例(109)(110)是青海西宁方言用例。这些"着"相当于普通话"得",用作动补结构助词。这个用法与我们前面所说的鄢陵方言的"动补结构助词"用法不同,鄢陵方言"着"用作动补结构助词的用法相当于"起来",如"这个歌儿听着可好听。",与"着"的介引动作对象的用法联系紧密。但通渭方言这个动补结构助词用法与"着"的其他用法之间的逻辑推理不明确。除"得"外,"着"在青海西宁话中还有相当于结构助词"的"的用法。例如:

(111)我娘娘家没去着时间长了。(《西宁方言词典》)

4.2.4 相对时标记、假设条件助词、话题标记

我们在前文讨论过汉语中存在的"相对时标记＞假设条件助词＞话题标记"的演化斜坡。中原官话汾河片方言中的"着"也有表相对时、假设条件助词、话题标记的用法。

1. 相对时标记

山西芮城方言(中原官话汾河片解州小片)中,"着"可表示"的时候";可以用在假设条件句前分句句尾(或紧缩句中),相当于普通话"的话";还可以作为的话题标记使用(吕佳,2016)。

"相对时标记"用例有:

(112)夜过_昨天_我来着,还好好的。(山西芮城方言,吕佳[2016]用例)

(113)他走着都不早啦,到屋天肯定就黑啦。(山西芮城方言,吕佳[2016]用例)

(114)兀当会儿你爷在_在世_着,他们都可听话哩。(山西芮城方言,吕佳[2016]用例)

(115)咱会儿上街去咧?——吃毕_完_饭着。(山西芮城方言,吕佳[2016]用例)

例(112)意为"昨天我来的时候,还好好的。""着"字结构为后面"还好好的"的参照时间。例(113)中,"他走着"意为"他走的时候"。例(114)中,"兀当会儿你爷在着"意为"那会儿你爷在世的时候"。例(115)询问参照时间"什么时候上街去",回答也须解读为参照时间"吃完饭的时候(上街去)"。

2. 假设条件助词

"着"作假设条件助词时可单独使用,也可以与"要""要是"等假设条件连词组合,还可以与"唠"组合成"唠着"结构使用。用例有:

(116)你兀当时(要是)好好念唠着,这会儿不是都考上大学啦。(山西芮城方言,吕佳[2016]用例)

(117)早早叫把票买唠着,这会儿不是就不紧张啦。(山西芮城方言,吕佳[2016]用例)

(118)不行(唠)着再说。(山西芮城方言,吕佳[2016]用例)

(119)在外前_外面_停不住(唠)着,你就回来。(山西芮城方言,吕佳[2016]用例)

吕佳(2016)在文中提到,山西芮城方言"着"作假设条件助词时常与"唠"连用。而汾河片其他方言(洪洞、绛县、临猗等地区方言)中,"着"和"唠"都可单独表示假设,这说明芮城方言中"唠着"连用是一种同义叠置现象。

3. 话题标记

"着"作为话题标记的用例有:

(120)红的唠着[①]也能行,就怕莉莉不愿意。(山西芮城方言,吕佳[2016]用例)

(121)我唠着到没索什么,就看人家咧。(山西芮城方言,吕佳[2016]用例)

(122)端午(唠)着也能行,不敢太晚唠。(山西芮城方言,吕佳[2016]用例)

[①] 吕佳认为,芮城方言"着"作话题标记以"唠着"连用为常,这应当和它的来源有关。"着"表假设语气多为"唠着"结构,扩展为话题标记后,自然也会保留这种结构。

除了汾河片的芮城、洪洞等地以外,属于兖菏片的山东临沂等地也有用"着"表示相对时、假设条件助词等用法(刘悦,2012;武玉丽、王坤,2009)。芮城方言的"唠着"同义叠置现象应该是中原官话假设条件助词"了"(吕佳文中提到"唠"有完成体、假设条件助词等用法,应该是"了"根据当地读音产生的不同写法)和假设条件助词"着"的叠加。

综上,"着"在中原官话中具有丰富的变体形式:表方位、时间、结果补语、引语标记、标句词、动补结构助词(相当于"V起来C")、持续、方式、语气助词(祈使、肯定、疑问)、先行义、相对时标记、假设条件助词、话题标记、使役、处置、被动,介词词内成分等。接下来我们结合前人研究及古籍语料来讨论"着"在中原官话中的语法化。

4.3 中原官话"着"的语法化分析

前人关于"着"的语法化研究主要集中在作为动态助词的"着"(表持续)的演化上,研究"着"表完成、被动、语气助词、先行义、时间参照、假设条件助词、话题标记、时间/方位介词等用法的文章也有一些,暂时没有见到讨论"着"作为标句词、引语标记、结构助词等用法的研究。

本章我们着力于进行跨方言的语法化研究,得到了尽可能多的"着"的语法变体。这样就带来了一个问题,即如何找到众多语法变体之间的语法化路径。

虽然在一些研究中发现了语法化单向性假说的反例(本书第三章"了"的演化处于不同语法化链中,不构成语法化单向性的反例),但从现有研究材料和成果来看,语法化是一个由实到虚单向演化的过程,演化距离越近相似性越高,仍然是一个可信的观点。Bernd Heine、Ulrike Claudi 和 Friederike Hünnemeyer(1991)在研究非洲语言的基础上提出语法化链的理论,指出语法化链的几个特点:①语法化链是以其端点成员(每种用法记为一个端点,从 A 到 Z 排列)为参照进行定义的家族相似性范畴。这些端点成员在相对语法化程度上彼此有别,表现在 Z 是 A 的一个语法化形式。②我们可以用这些端点为参照,对该链上的任何一个意义进行定义:该意义离 A 点越近,其语法化程度越低。③我们也可以将该链上的不同意义彼此为参照进行定义:一个位于左边的意义要比它右边的任何一个意义语法化程度都低。另外,两个意义之间的位置越接近,那么它们的相对语法化程度的差别就越小,意义也就越相似。④该链上两个给定的意义之间的距离越大,那么它们分属不同认知域的可能性就越高。

依据语法化的单向性假说和语法化链理论,我们知道,语法化产生的不同变体形式,各临近用法间的相似性较高;语法化路径距离越远,相似性越小;各用法之间具有家族相似性(语法化距离较远的两个语法形式可能属于不同范畴,两种用法演化距离足够远则可能不具有相似性,但语法化过程中的各临近用法之间具有相似性,即整个演化链中的各用法之间具有家族相似性)。我们可以先按句法语义的相似性给这些语法形式分组,之后确定各组间和组内各用法的演化关系,并在此基础上讨论结构助词(相当于"得""的")等分类困难的用法在语法化路径中的位置①。

本研究先按相似性将它们分为:作时间、处所介词;动态助词相关用法;作语气词、先行义助词;使役、被动用法②。

4.3.1 "着(著)"的本义

"著"在西周和春秋时期已有"附着/使……附着""接触到、粘附到""放置""显著/明显"等用法(因文献的原因,西周时期用例较少,春秋时期用例多一些)。用例如下:

(123)县象著明莫大乎日月,崇高莫大乎富贵。(西周《周易》)
(124)屯见而不失其居,蒙杂而著。(西周《周易》)
(125)犹有散、迁、懈慢而著在刑辟,流在裔土……(春秋《国语》)
(126)风行而著于土,故曰其在异国乎!(春秋《左传》)

例(123)"著"意为"显著/明显";例(124)"著"与居住、定居(附着义)相关;例(125)"著"与"流"相对,与"定居"(附着义)相关;例(126)是各家讨论"着"的语法

---

① 我们在接下来的讨论中会结合历时研究方法,参考古籍语料来确定语法化路径,所以即使单向性假说不是一个绝对的理论前提,也不影响我们的结论。

② "着"的时间介词用法来自处所介词"到/在"义,其介引的时间可认为是抽象处所所以时间介词用法与处所介词用法相似性比其他用法更高。介引引语(引语标记)、谓词性宾语(标句词)与动补结构的助词(相当于"起来")的用法与介引动作对象用法较接近。"着"表方式和目的的用法与其动态助词(表持续)用法较接近。相对时标记、假设条件助词、话题标记处在同一演化斜坡上。先行义来源于祈使语气词用法。使役和被动同属致使范畴。

化时常用的用例,是"著/着"的"附着"义用法。白一平、沙加尔(2020)在《上古汉语新构拟》中,认为"著"的"放置地点(名词)、明显/显著"义用法与表示"放置"的用法属于同一词根加了不同后缀的变体。所以"显著"义与"附着/放置"义应该来源于同一个上古词根。

"著"的写作义用法春秋时也有大量用例,与"著"的"附着/使附着"义相关性明显。例如:

(127)初,斐豹,隶也,著于丹书。(春秋《左传》)
(128)冬,晋赵鞅、荀寅帅师城汝滨,遂赋晋国一鼓铁,以铸刑鼎,著范宣子所为刑书焉。(春秋《左传》)
(129)孙叔敖日夜不息,不得以便生为故,故使庄王功迹著乎竹帛,传乎后世。(战国《吕氏春秋》)
(130)自此观之,夫欲定一世,安黔首之命,功名著乎盘盂,铭篆著乎壶鉴,其势不厌尊,其实不厌多。(战国《吕氏春秋》)

例(127)"著于丹书"是"写在丹书上";例(128)铸造刑鼎,用来书写范宣子的所为;例(129)"著乎竹帛"是"写在竹帛"上;例(130)也是写在"盘盂""壶鉴"上。上述例子中的"丹书""刑鼎""竹帛""盘盂""壶鉴"等都可以理解为"书写内容放置/附着的地点"。其句法结构"著于某处""著乎某处""某处著某物"与"放置/附着/使附着"义的"著"用法一致,其语义也可以理解为"使(书写)内容附着在(书写)材料上"。"写作义"与"附着/使附着"义的"著"应该有相同来源(有相同的词根)。

4.3.2 处所介词、时间介词"着"

战国时始见"V着某地"的用法("着"后置于动词),但只有一例。同期还有意义相同的"着"单独使用作动词的例子,战国时的"V着某地"还不能看作"着"用作介词的例子。例如:

(131)宋王筑为蘗帝,鸱夷血,高悬之,射着甲胄,从下,血坠流地。(战国《吕氏春秋》)

(132)矢着于庄门。(战国《公羊传》)

例(131)(132)"着"都是"附着"义。例(131)"射(箭)着甲胄"为连动用法,"着"尚未虚化为处所介词。

六朝前后,位于动词后表处所的"着"大量出现。"V+着+处所"结构有两种情况:一种是"动词的施事S做某事,使受事O着某处"(王力先生[2004]所说的使成式);另一种是"动词的施事S做某事,S着某处"。

"S做某事,O着某处"一般有一个动程,结果是O着某地,"着"可解读为动态的"到"。例如:

(133)是时大臣即持我身送着城外旷野冢间。(六朝《大悲莲华经》)
(134)悬着屋外北阴中。(六朝《齐民要术》)
(135)以三斗瓦瓮埋着科中央。(六朝《齐民要术》)
(136)挂着屋里壁上,令荫干,勿使烟熏,烟熏则苦而不香也。(六朝《齐民要术》)

例(133)"送着城外旷野冢间"是"大臣"送,"我身"着冢间,宾语"我身"有一个位移,"着"意为"到"。例(134)"悬着屋外北阴中"宜理解为"(施事)"做出悬挂的动作行为,使受事"着屋外北阴中"(因为《齐民要术》中上下文主要是讲解怎么做,而不是描述一个状态,所以这里的动词"悬"宜理解为动作行为而不是静止状态)。"受事"有一个到达目标地点的位移,"着"可作"到"义解读。例(135)(136)"埋着科中央""挂着屋里壁上"与例(134)一样,"埋""挂"均宜理解为动作行为而不是静止状态。施事的行为"埋""挂",使受事"着科中央""着屋里壁上","着"解读为动态的"到"义。

"S做某事,S着某处"中的"着"可解读为静态的"在"。例如:

(137)文若亦小,坐着膝前。(六朝《世说新语》)
(138)病困卧着床,悭心犹不改。(唐《王梵志诗》)
(139)饿着首阳山,生廉死亦乐。(唐《寒山诗》)

例(137)指"文若坐"和"文若着膝前"描述的是一个静态状态,没有动程,"着"可理解为"在";例(138)"卧着床"是说主语生病了躺在床上,描述的也是状态,没有位移,"着"意为"在";例(139)"饿死在首阳山"也没有动程,没有位移,"着"意为"在"。

中原官话陇中片(如上文提到的通渭方言和庄浪方言)中,"着"有表示"到"或"在"义的处所介词用法,使用时"着"须后附于动词,不能与动词隔开。若动词有宾语,会用介词提前(如甘肃庄浪方言"你给曹把日历挂着墙上"中,需要用介词"把"将动词的宾语"日历"提前),"着"在通渭方言和庄浪方言中与动词的关系更紧密,已经从动词虚化为介词。

在古籍中未见到"着"作为时间介词的用例。我们在前文提到,苏建军(2010)分析过,在甘肃通渭方言(中原官话陇中片)中,"着"可与时间词结合成介宾短语置于谓词后,句法结构为"V+着+时间",如"毕业着九〇年_{在九〇年毕业}""教书教着啥时候退休_{教书教到什么时候退休}"。该结构与"着"的处所介词("到"义和"在"义)结构相似,应该是在处所介词的基础上,通过时空隐喻机制,从具体的处所类推到抽象处所(时间)而来(时空隐喻是语法演化的一个重要机制,也是一个人类认知的共性,很多语言中都有时空隐喻机制的运用)。

"放置/附着/使附着"义的动词"着"在六朝时出现大量"V+着+处所"的用例。现代汉语方言中处所介词"着"的语义("到"义和"在"义)和句法结构"V+着+处所"都与六朝时的"V+着+处所"直接相关,语法化路径为:处所动词"着"→处所介词"着"→时间介词"着"。

4.3.3 动态助词相关用法

1. 前人看法

关于动态助词"着"的来源,各家有不同看法。一部分学者认为是附着义动词"着"在静态动词或动态动词语境中经过重新分析产生表动态义;一部分学者认为是语言接触导致动态助词"着"的产生;一部分学者认为认知隐喻在"着"的持续义的演化中起到了关键作用。持第一类意见的学者占多数,但其中又有不同。

王力(1958)认为,"着"由"附着"义动词逐渐虚化而来;汉末有虚化迹象;南北朝时用于处所状语前,类似"在"义;然后出现表静态的"着";宋代已有表进行的形尾"着",元代史料中形尾"着"已有普遍应用。太田辰夫(1958)认为,"着"在"附着、到达"义的基础上发展出"在、于"义的用法,这种"在"义的"着"可以看作表受限的持续,到唐五代,其用法就与现代汉语"着"表持续的用法相同了。赵金铭(1979)提出,"着"的演变过程在敦煌变文中有全面的反映,附着义的"着"依次发展为表"在"义、表静态持续和表进行的用法。梅祖麟(1988)提出,六朝时的"着"分为静态表"在"义的"着"和动态表"到"义的"着",并认为"在"义发展出持续貌用法,"到"义发展出完成貌用法。

有学者认为动态助词"着"在表持续之前,经历了补语用法和表完成(或称表结果、表实现等)的阶段。吴福祥(2004)认为,动态助词"着"来自"到"义而不是"在"义,唐五代时期"着"表"实现"或"完成",当表完成或实现的动相补语"着"大量用在兼表动作和状态的动词之后时,逐渐在这一语境中获得动态持续义,并于宋代正式演变为持续体助词。陈前瑞(2003,2009)认为,"着"由附着义发展为结果补语,并演化为结果体。结果体的用法分为两种,一种发展为完成体和完整体,一种发展为持续体和进行体。

一些学者认为语言接触是动态助词"着"产生的重要诱因,如曹广顺(1986,1995)认为,汉译佛经中"V+着+处所词"("在"义或"到"义)和"V+着+受事宾语"中的"V+着"均含结果义,后来"着"在两种结构的基础上发展为直接表示结果,最后演化为动态助词。宋金兰(1991)认为,阿尔泰语对"着"的产生和发展起到了重要作用,若没有这种外因推动,单凭"着"内部潜在的语义特征,未必能发展成后来这样一个多语义、多功能的虚词。

蒋绍愚(2006)提出一个新的角度,即从表空间的"着"到表时间的"着"的词义演变是隐喻引起的,隐喻是引起语义演变和语法化的重要因素。并且,他认为"着"的结构位置是引起演化的重要因素,但跟前人看法不同的是,蒋绍愚(2006)认为这不是跟动词的组合关系结构诱发的演变,而是补语位置本身这个语法位置在语义方面的作用较弱,使它容易发生语义的变化。这两点意见对我们非常有启发。李永(2014)也认为隐喻在"着"的演化中产生了重要作用。他认为,当"着"前动词表示某种心理意识时,宾语所体现的角色也发生了变化,由空间处所转为动作作用的对象(李永认为动作作用对象可理解为"扩大的处所"),发生了认知域的转换。

关于"在"义和"到"义,蒋绍愚(1994,2006)提到,"V+着+处所"格式中的"着"在无位移空间动词后相当于"在",在有位移空间动词后相当于"到"。

认为表持续的"着"来源于"在"义的学者(这些学者大都认为来自静态动词表

处所的"着")认为,表处所的"着"是持续体的直接来源,并且最初只有位置类动词出现在这个格式中,动词范围扩大了之后(由位置动词类推到普通动词),"V+着"后面也由原来的处所变为对象。我们认为这个说法是有问题的。

首先,六朝时期,"V+着+处所"中的动词范围其实包括普通动词。例如:

(140)合着扫帚上少时,杀其苦气。(六朝《齐民要术》)
(141)漉着一斛瓮子中。(六朝《齐民要术》)
(142)率一石,以酒一升,漱着器中,密泥之。(六朝《齐民要术》)

例(140)为"合+着+扫帚上";例(141)为"漉+着+一斛瓮子中";例(142)为"漱+着+器中",这些例句中的动词都是普通动作动词,与其后的处所动词"着"形成连动结构。这些普通动词虽然相对数量不多,但进入"V+着+处所"结构中之后,并没有把处所宾语解读为动作对象。不是动词的类推导致对"处所"的重新分析,而是后期对"处所"的重新分析导致了动词范围的扩大。

梁银峰(2010)和覃凤余、王全华(2021)都认为是"V+着+处所"中的处所宾语移位,产生"处所+V+着"结构,并在此基础上经重新分析得到表持续的"着"。但两文的"处所+V+着"例句前面都有受事话题,实际是"受事+处所+V+着"结构,还原后可得"受事+V+着+处所"或"处所+V+着+受事"。从语义来看,两个"着"前者表处所,后者与持续义联系更密切,"V+着+受事"结构为持续义的直接来源。而从"V+着+处所"到"V+着+受事"结构的演变并不是移位就可以完成的。

覃凤余、王全华(2021)认为,"着"在晋代以前分清浊,清声"着"是他移用法(可对应我们的"S做某事,O着某地"),浊声"着"是自移用法(可对应"S做某事,S着某地"),并认为自移用法的"V+'着'$_{浊声}$+某地"是"着"完成义的来源,他移用法的"V+'着'$_{清声}$+处所"是持续义的来源。但是,今河南鄢陵方言的动词"着"有四种读音:"着/tsuo^{31}/去声,表放置""着/tsao^{24}/阴平,表触摸""着/tʂuo^{52}/阳平,表容纳、附着、接触、着火""着/tʂaŋ^{52}/阳平,表放调料或食材、用"。中原官话全清和次浊入声字今读阴平,全浊入声字今读阳平,所以这四个读音前两个为知母,后两个为澄母。从方言语音看,表动态的"着/tʂuo$^{52-21}$/"与"附着、接触"义的"着/tʂuo^{52}/"读音更近,应来自"着+某地"中表附着义的浊音"着",而不是"着+某物(+某地)"中表放置或触摸的清音"着"或表用、放(调料或食材)的浊音"着"。

覃凤余、王全华(2021)还称他移用法的"V＋着_清声＋处所"是持续义的来源，同时表自移用法的"V＋着_浊声＋某地"，也有可能发展出"V＋着＋受事"结构，用例有：

(143)梦有小飞虫无数赴着身。(六朝《后汉书》)(覃凤余、王全华[2021]用例)

(144)孰知茅斋绝低小，江上燕子故来频。衔泥点污琴书内，更接飞虫打着人。(唐·杜甫《绝句漫兴九首》)(覃凤余、王全华[2021]用例)

他们认为例(143)是"飞虫赴，飞虫着身"，是"着"的自移用法。相似地，例(144)"更接飞虫打着人"也应该是"着"的自移用法，但此句的主体"燕子"不能经由动作"打"附着到人身上，所以此处的"人"只能理解为"打"触碰到的对象(覃凤余、王全华,2021)。他们以此来证明自移用法的"V＋着_浊声＋处所"可以演化为"V＋着_浊声＋受事"。

我们认为表自移的"V＋着_浊声＋处所"中只涉及一个对象，不可能重新分析为"V＋着_浊声＋受事"。试比较：

(145)苍鹰饥着人。(唐·杜甫《观安西过赴关中待命二首》)

(146)更接飞虫打着人。(唐·杜甫《绝句漫兴九首》)

例(145)中的"苍鹰饥着人"是覃凤余、王全华(2021)所说的表自移用法的"V＋着＋处所"，只能分析为"苍鹰饥，苍鹰着人"，动词"饥"只涉及一个对象"苍鹰"，全句意为"苍鹰因为饥饿而接近人"。而例(146)"打着人"是"翅膀着人"而不是"飞燕着人"，跟"(以大刀)插着船"的语义关系一样，是原来的受事被分析为工具后，处所被重新分析为受事。"更接飞虫打着人"只能是表他移用法的"V＋着＋处所"("飞燕"移"翅膀"，"翅膀"着"人")，演化为"V＋着＋受事"。

2. 语境诱发的语法化

动态助词"着"的语法化是语境诱发的，推动动态助词"着"语法化的初始语境不是动词的静态/动态、"着"的自移/他移，或"着"的宾语通过隐喻产生的类推，而是连动结构"V＋O1＋着＋O2(处所)"中O1语义角色的重新分析。

战国时期已有附着义的"着"用在连动结构"V＋着＋处所"中的例子，如例(131)。

连动结构"V＋O1＋着＋O2(处所)"省略动词受事O1,得到"V＋着＋处所",如例(131)"射箭着甲胄",省略了"射"的宾语,得到"射着甲胄"。"箭"可以是"射"的受事或工具("射箭"或"以箭射某物")。当被省略的"箭"解读为受事时,"射着甲胄"中的"甲胄"为"着"的处所宾语;当"箭"解读为工具时,"甲胄"就有可能被解读为"射"的受事。

当"V(＋O1)＋着＋O2"中有受事和工具两读的O1被介词提前,O1就只能解读为工具,句法结构进一步紧缩成"以＋工具＋V＋着＋O",O更倾向于解读为V的受事。例如:

(147)有一人,以小船载年少妇,以大刀插着船,挟暮来至逻所。(六朝《搜神记》)

六朝时,"V＋O1＋着＋O2"结构中受事一般不会用介词提前,如:掐心着泥中(六朝《齐民要术》)。若例(147)"大刀"是动词受事的话,用"插大刀着船"更符合当时的习惯。句中"大刀"用介词提前,只能理解为工具。例句中"以小船载年少妇"和"以大刀插着船"并列,也可以看到这里的"大刀"是工具,"船"为"插"的受事。

唐代以后,"V＋着＋受事"的用例渐多。例如:

(148)师云,终日吃饭,未曾咬着一粒米。(唐《黄檗山断际禅师传心法要》)
(149)逢着好饮食,纸裹将来与。(唐《王梵志诗》)
(150)近缘咬着亲知客,不得红丝毯上眠。(唐《薛涛诗》)

这些例子"着"后的名词都是动词受事,不能再被分析为处所。

"着"由处所动词到用在"V＋着＋受事"结构,经历了语境诱发的语法化的三个阶段。

第一阶段,当"V(＋O1)＋着＋O处所"中的"O1"有工具和受事两读时,宾语O有"着"的处所宾语或动词的受事两读的可能(如"射着甲胄")。

第二阶段,"V(＋O1)＋着＋O处所"中O1用介词提前,"V＋着＋O"结构紧缩,动词与"着"的句法距离更紧密,宾语O解读为动词受事(如"以大刀插着船")。

第三阶段,"V＋着＋O"中的宾语解读为受事后,O由原来的处所名词类推到普通名词,排斥处所义解读,形成新的语法结构"V＋着＋O受事"。

"着"用在"物体+着+处所"结构中,表示物体"接触/附着"某处,后用在"V+着+受事"结构中,表示动作"到达/附着"受事,即动作的"达成/实现"。隐喻发生在"接触/附着→达成/实现"之间,而不是发生在"处所→扩大的处所(受事)"过程中。

澄母表接触、附着义的"着"用在连动结构中,经重新分析和类推得到"V+着+受事"结构。"着"处所义虚化,通过隐喻获得表动作达成/实现义(见图4-1)。这个过程经历了完整的"语境诱发的语法化"的三个阶段,而不是语言接触导致的。

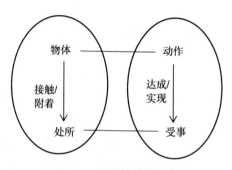

图4-1 "着"的语义演变

3.动态助词"着"演化中的一个关键节点

"V+着+受事"的形成是"着"语法化的一个关键节点。吴福祥(2004)认为,"V+着+受事"中的"着"是动相补语,并从动相补语演变出持续体助词和完成体助词。我们认为,在"V+着+受事"这个演化节点上,"着"的动词性磨损,但结构上仍起到介引动作对象的作用,为介词用法。现代汉语和汉语方言中都存在用在动词与宾语之间介引动作对象的"着"(且不能悬空),可以证明"着"语法化的过程中经历了介引动作对象的介词阶段。例如:

1) 介词"V着"词内成分"-着"

《现代汉语词典》(第7版)轻声"着"的第4个义项是"加在某些词后面,构成介词",例子有"顺着""沿着""朝着"等。

董秀芳(2003)认为,介词"V着"词内成分"-着"来自体标记的虚化。连动结构"V1着NPVP"中的"V1着"的句法位置是介词可出现位置,句子语义重心在VP,"V1着"整体虚化为介词用法,体标记"着"因此成为介词词内成分。我们认为介词词内成分"着"不是由体标记虚化而来。"V1+着"是动介结构,而不是"动词+动态助词"。例如:

(151)若不晓他尽是说爻变中道理,则如所谓"动静不居,周流六虚"之类,有何凭着?(宋《朱子语类》)

(152)凭着理时,合断与小人,堂上官人们都商量了。(宋《朱子语类》)

(153)且如有一事关着许多道理,也有父子之伦,也有君臣之伦,也有夫妇之伦。(宋《朱子语类》)

(154)譬如一物植立于此,中间无所依着,久之必倒去。(宋《朱子语类》)

(155)今也不消学他那一层,只认依着自家底做便了。(宋《朱子语类》)

例(151)(152)中的"凭着""依着"尚未虚化为介词。我们可以看到例中的"凭着""依着"均为联合结构,"依据/凭借＋附着""依靠＋附着"中,"着"并不表体意义。"无＋O＋凭＋着""有＋O＋依＋着"结构中的"着"都具有动词特征,与前面的宾语构成动宾关系。也就是说,"着"有带宾语的功能。例(153)"关着许多道理"中的"着"语义虚化,相当于介词"乎",用在动词"关"后构成动介结构。例(152)(155)"凭着理""依着自家底"中,"凭着""依着"的语义重点在"凭""依"。"着"在这个语境中,附着义虚化后,没有引申出持续或完成义,仅表现出介引宾语的功能。动介结构"凭着""依着"用在连动结构中,整体虚化为介词。

介词"着"可加在一些动词后介引宾语,后"v着"在连动结构中整体语法化为介词。介词词内成分"着"不是来源于体标记的演化,这也是为什么"介词最大的特征是没有态的变化"(赵元任,1979),而现代汉语存在大量"x着"介词。

现代汉语中仍有带"着"的动介结构尚未语法化为介词的用法存在,如下面要提到的"着"用在谓宾动词后的情况。

2) 标句词"着"

"着"可用在谓宾动词后介引小句(谓宾动词的宾语)。例如:

(156)a.我想着你们应该没那么快到。 a′.我心里想着一件事儿。
　　　b.*我想着你们应该没那么快到了。b′.我心里(已经)想着一件事儿了。

(157)这一时刻预告着下一个时刻妈妈就会离开我。(北大语料库)

(158)尊重意味着接受、悦纳一个在许多方面与自己不同的人。(北大语料库)

例(156)a句中的"想着"与a′句中表持续义的"想着"有明显不同。后者表示处于"想"的状态,所以可以用"了$_2$"表明一种新的状态或变化。而前者要表达是"想"的内容,不是状态,所以不能用"了$_2$"。例(157)(158)"着"也不表示处于"预告""意味"的完成、进行或持续状态。这三个例子中的动词如果不带介引小句的"着",大多可以单用;带"着"之后,必须有宾语内容才合语法("着"不能悬空)。

这些用在谓宾动词后的介词"着"本身语义虚化,仅具有介引宾语小句的功能,特化为标句词用法。

3) 引语标记"着"

河南鄢陵方言"着"在言说义动词后特化为引语标记,可介引直接引语和间接引语(引语可以视为言说义动词的直接宾语,引语标记"着"是介词"着"用在言说义动词后特化出的用法)。例如:

(159) a. 他说。
b. 他说了。
c. *他说着。
d. *他说着这个事儿。
e. 他说着他去。

(160) A: 你咋不找小王啊?
B: 他说着他不管了。
A: 他不管了?他咋说哩啊?
B: 他说着"我再管你哩事儿我不是人。"

例(159)a、b句都可以单用;c句"着"后没有引语内容,感觉话没说完;d句"这个事儿"是"说"的宾语,但不是引语内容,仍不合语法;e句带上引语内容才合语法。"着"可介引直接引语和间接引语。如例(160)"他说着他不管了"是介引间接引语;"他说着'我再管你哩事儿我不是人'"是介引直接引语。

与普通话引语标记"道"不同的是,普通话"道"须位于间接宾语后,如"问张三道:……",鄢陵方言介引引语的"着"须放在间接宾语前。例如:

(161) a. 他问我。
b. *他问着我。
c. 他问着我,"你咋不去啊?"

言说义动词后加"着",其后如有间接宾语,句法结构为"言说义动词+着+间接宾语+直接宾语(引语)"。"着"后可以没有间接宾语,但不能没有引语内容,是介词"着"在言说义动词后特化出的引语标记用法。

介词"v着"的词内成分"-着"、标句词、引语标记"着"后都不能带"了""过"之类的体助词,这点与结果补语和动相补语"着"不同(介词没有体变化,并且句法结构与宾语联系紧密,不能用体标记将其与宾语隔开;结果补语和动相补语后都可以带"了""过"之类的体标记)。例如:

(162)我睡着了。(结果补语"着")
(163)猫逮着了一个老鼠。(动相补语"着")
(164)a.*按着了你的想法,我们什么时候去?
　　　b.*按着你的想法了,我们什么时候去?
(165)a.*我想着了明天应该不晚。
　　　b.*我想着明天应该不晚了。
(166)a.*他说着了他明天去。
　　　b.*他说着他明天去了。

例(162)是结果补语"着"的例子,例(163)是动相补语"着"的例子,二者都可在"着"后加"了"。例(164)的介词词内成分"-着",例(165)的标句词"着",例(166)的鄢陵方言引语标记"着",都是用在动词后介引宾语,不能悬空,不可用体标记将"着"与宾语隔开(说明不是结果补语或动相补语),不可在全句后加"了₂"表示状态变化(说明这里的"着"不表状态持续/动作进行)。例(164)—(166)的"着"都是介词"着"在不同语境中进一步演变的结果,起到介引动作对象的作用。

学界大多同意动态助词"着"来源于"V+着+受事"中的"着",但大多将这里的"着"看作动相补语或结果补语,或在讨论中只提及其动态义。上述具有介引动作对象作用的"着"的存在,证明"V+着+受事"结构中的"着"在其虚化过程中存在介词阶段。"着"的介词化伴随着语义磨损,"着"处所义磨损后通过隐喻获得表动作达成/实现的新语义。新语义可能稍晚于或伴随着介词"着"的形成而产生。其后,这个语义上表达成/实现、结构上起到介引动词受事作用的"着"在不同语境中发生进一步演化。因其结构上能介引受事宾语而产生了介词词内成分"-着"、引语标记、标句词等用法;因其语义可表动态义,演变出结果补语、动相补语、持续体等用法。

下面我们分动态义相关和介词性相关两组考察"V+着+受事"的演化,进而得出"V+着+受事"分支的语法化路径。

4."着"动态义相关的语法化

动态助词"着"可表实现/完成和持续/进行。"着"动态义的分化并非由动词的动态或静态决定,而是由事件的均质性决定的。这里的"均质"是指在事件时间结构中不关注起点和终点(Smith,1991)。也就是说,如果事件不关注起点和终点,那么它就是均质事件;如果事件关注起点或终点,那么它就是不均质事件。"V+着+受事"结构中的"着"在不均质事件句中表现为达成义,发展为结果补语,并进一步演化出动相补语用法;在均质事件句中,因不关注起点或终点,"着"的动态义表现为状态持续义,从而发展出持续体用法。

1) 介词→结果补语→动相补语

前面我们提过,"V+着+受事"中的"着"在介词化的过程中通过隐喻获得了表动作达成/实现义。例如:

(167)师云,终日吃饭,未曾咬着一粒米。终日行,未曾踏着一片地。(唐《黄檗山断际禅师传心法要》)

(168)逢着光火贼,大堡打小堡。(唐《王梵志诗》)

(169)赵州云:"遇着个太伯。"(五代《祖堂集》)

这些例句中的事件都关注达成时点,是不均质事件,"着"表动作达成/实现义。前文我们论证过,"V+着+O受事"形成时的"着"在结构上具有介引受事的作用,因此在没有形成新的语法结构表明其已不能介引宾语时,我们仍将其视为介词。

当不均质事件中的受事提前或省略,"着"因悬空导致介词性磨损,形成新的语法结构"V着"时,"着"演变为结果补语,表示特定结果的达成。例如:

(170)若被觅着时,如何抵拟他。(唐《筠州洞山悟本禅师语录》)

(171)游奕探着,奏上霸王。(五代《敦煌变文选》)

(172)有一日,心造坐不得,却院外绕茶园三匝了,树下坐,忽底睡着。(五代《祖堂集》)

这三个例句中,"着"后宾语没有出现,不会产生介引动作对象的解读。例如"觅着""探着""睡着"等强调的是动作特定结果的达成/实现,而不是动作本身的实现,因此这里的"着"是结果补语,而不是动相补语。

此外,强调达成/实现动作特定结果的"V着"结构中,当"着"重读时,"着"前可加副词修饰;当"着"读轻声时,表消极结果义,不能用副词修饰。二者虽语音不同,但都关注动作的结果,而不是动作阶段(动相),因此"V着"结构中重读和轻声的"着"都是结果补语。例如:

(173)我睡不太着,她和她的故事像一个光源一样不停地往我大脑里放送刺激的光……(北大语料库)
(174)冻着了、吓着了。

例(173)中,"着"读阳平,其前可加副词修饰,是结果补语用法。例(174)中,"着"只能读轻声,其前不可加副词修饰。"冻着了"意为"冻得生病了",而不是指"冻"这个动作的完结或实现,"着"仍为结果补语。

元明时期,开始出现"V+着+了+O"结构,"着"和宾语之间被体标记隔开,表明结构中的"着"不是介词。当"着"表示达成特定结果时,为结果补语;当"着"表示动词情状的达成/实现时,为动相补语。例如:

(175)且住,陀满兴福是个有本事的人,倘撞着了他,一拳打得稀烂,还出去叫他们一齐进来。(《全元曲》)
(176)来到赤山埠前寻着了张成,随即袖中取票时,不见了。(《白娘子永镇雷锋塔》)
(177)官人造化遇着了他,便多住几日,不打紧的了。(明《二刻拍案惊奇》)

例(175)"撞着了"表示动作的实现"着"是动相补语用法。例(176),"寻着了"表示"寻"的目标结果的达成,是结果补语用法。例(177)是动相补语用法。对比来看,今鄢陵方言可以说"你这是遇着了!"(你这是遇到对的人/事物了)。这个句子中的"遇着了"表示特定目标结果的达成,为结果补语用法。而例(177)"遇着了他"中的"遇"本身没有特定目标,"着"在此仅表动作情状的完成,且后面可带体助词,为动相补语。

结果补语和动相补语均与"着"的达成/实现义有关,用在不均质事件句中,句法结构相似。前者出现年代早,语法化程度低,后者应是在前者基础上演变而来,可将其语法化路径归纳为:介词→结果补语(唐五代)→动相补语(元明)。

2) 介词→持续体

在均质事件中,因事件的起点和终点不被关注,"V+着+受事"的"着"被理解为持续义。"着"在悬空语境下,介词性磨损,仅表动作/状态的持续。例如:

(178)我诗有生气,须人捉着,不尔,便飞去。(《全梁文》)
(179)姑曰:"皆自作也。试取鱼子来咬着,宁有许闹事!"(唐《唐国史补》)
(180)将士深夜浑睡着,不知汉将入偷营。(五代《敦煌变文选》)

这些例句中的事件在关注时段内,每个时点的状态都是一样的,是均质事件,"着"表持续。如例(178)中,"着"表示需要一直保持捉的动作,不然"诗"就会飞走。例(179)也是一样,"着"表示需要持续外力输入,保持"咬"的动作。例(180)中的"将士深夜浑睡着"表示将士们持续处于"睡"的状态。

唐五代时期的"着"位于相同动词后有不同的语义解读,说明"着"动态义的分化条件并不是动词的静态或动态,而是句子所表达事件的均质性。例(167)和例(179)都有"咬着",前者在不均质事件中表示动作达成,后者在均质事件中表示动作持续;例(172)和例(180)都有"睡着",前者表示进入睡眠,后者表示处于睡的状态。这些"着"在同一动词后有不同语义的现象,表明"着"在唐五代时期已经有了达成/实现义和持续义的分化。并且,表持续的"睡着"和表结果的"睡着"很可能在五代时已经有了语音分化,不然容易造成歧义。

根据以上分析,我们推测六朝时已有表持续的"着"出现,如例(178)不是动作完成之后自然得到的状态持续义,而须有持续的外力输入才能保持动作。至少在唐五代时期,"着"表持续的用法已经完成语法化,形成"V着"结构,并且可以用在不及物动词后表持续。

3) 表方式的"-着"及其他

普通话"X+着+VP"格式包括连动和状中两种结构,连动结构中的"着"仍有动态义;状中结构中的"着"不表动态,仅作为后缀附在"X"后表方式。例如:

(181)a.笑着走过去。　　b.笑着,走过去。
(182)a.慢着吃。　　　　b.*慢着,吃。

例(181)可以分开说,"笑着走过去"是连动结构,"着"表状态持续。例(182)

"慢着吃"不能分开,为状中结构,"慢着"作为方式修饰"吃","着"为表方式的后缀。

唐代有连动结构"V1＋着＋VP2"的用例,"着"有表动态和表方式两读,但"着"没有脱离动态义。例如:

(183)两军兵马围着煞之。(唐《入唐求法巡礼行记》)
(184)山公醉酒时,酩酊高阳下。头上白接篱,倒着还骑马。(唐《襄阳曲四首》)

例(183)可以理解为在"围着"的状态下"煞之",或"以围的方式煞之"。同时此句可说"围着,煞之",仍为连动结构。例(184)可以理解为在"倒着"的状态下"骑马",也可以理解为"用倒骑方式骑马"。

五代有"A＋着＋O＋VP"的用例,"A＋着＋O"可单用,"着"表"A＋着＋O"中形容词使动义的达成。例如:

(185)好韵宫商申雅调,高着声音唱将来。(五代《敦煌变文集新书》)
(186)便是看义理难,又要宽着心,又要紧着心。(宋《朱子语类》)

例(185)"高着声音"中的"着"表示"使声音高"的达成。例(186)为"A＋着＋O"单用的例子,"着"也是表示形容词使动义的达成。

宋代始有状中结构"X＋着＋VP"的用例,"着"可用在表方式或程度的修饰语和动词之间。例如:

(187)看文字,须大段着精彩看。(宋《朱子语类》)
(188)惟是到出门、使民时易得走失,故愈着用力也。(宋《朱子语类》)
(189)这须是自晓,也十分着说不得。(宋《朱子语类》)

例(187)中,"大段着"是"看"的方式;例(188)中,"愈着"是"用力"的程度变化;例(189)中,"十分着"修饰"说不得",表示程度。"着"用在状中结构中已经完全与动态义无关,类似状中结构助词用法。

元代以后的书面材料和现代普通话中,均未出现状中结构"X+着+VP"中"X着"表程度的用例,状中结构助词"着"特化为表方式的后缀"-着"。例如:

(190)又道是怎么合人擦肩膀,怎么合人溜眼睛,又是怎么着被人抠屁股,怎么被人剥鞋。(明《醒世姻缘传》)

(191)太爷合俺爷听见狄大爷有点事儿,才叫我来请狄大爷快着过去,趁早儿商议哩。(明《醒世姻缘传》)

(192)一齐上来抢着吃了。(明《水浒全传》)

这三例的"着"都没有动态义,附在代词、形容词和动词后表方式。

5. "着"介词性相关的语法化

前文提过,"V+着+受事"有两个演化方向,一个继承其语义上的动态义,一个继承其句法结构上介引受事宾语的用法。"v着"用在连动结构中整体虚化为介词,在此不赘述。下面重点分析引语标记、标句词、参照时间同时标记(相对时同时标记)、假设条件助词和话题标记用法的语法化。

1) 引语标记和标句词

唐五代时期,"着"附在"说""想""写"等动词后,可以介引动作对象。例如:

(193)从来宫女皆相妒,说着瑶台总泪垂。(唐《送宫人入道》)

(194)如今说着姓名,凡是人皆总识。(五代《敦煌变文选》)

例(193)的"瑶台"和例(194)的"姓名"都是"说"的话题对象。

五代时有"着"附在言说义动词后带小句的用例,例如:

(195)僧辞时,问:"学人到山下,有人问着和尚近日如何,作摩生祗对?"(五代《祖堂集》)

在上例中,"和尚近日如何"这句话有两种解读,一是作为询问话题,二是作为引语内容。考虑到句中是假设情况,更有可能是将整体看作谈论的话题对象进行理解。

宋代时"说着"带宾语小句的情况比较常见,已与介引言说对象用法有了较大区别。例如:

(196)私意是说着不得人为,苟且是说至善。(宋《朱子语类》)

(197)若因时文做得一个官,只是恁地卤莽,都不说着要为国为民兴利除害,尽心奉职。(宋《朱子语类》)

例(196)中,"说着"后面的内容是对前面话题的解释。例(197)中,"都不说着……"中的"说"是主张的意思,"着"用来介引主张内容,已与介引言说内容的引语标记用法很接近。

元杂剧中始见"着"介引引语的用法。例如:

(198)(俫儿云)见同知来。(正末云)同知说甚?(俫儿云)他说着你爹爹休嫌少。(正末唱)(元《海门张仲村乐堂》)

(199)后来着我攒迄这三牛车文书,我便说着多少人攒造,他便道则你独自一个;我便道与我几日假限,他便道与你三日假限。(元《十探子大闹延安府》)

(200)临去时又说着孩儿上朝求官应举去,必然为官。(元《裴少俊墙头马上》)

例(198)中,俫儿转述同知的话,从第二人称可以看出是直接引语;例(199)中,"我"转述自己的话;例(200)转述神灵的话,也是介引引语内容。

"说着"可以介引言说内容,"想着""写着"等结构也可以介引"想"和"写"的内容。例如:

(201)众人争上前看时,那纸条上面却写着:"宣和三年三月五日铺户任一郎造。"(明《醒世恒言》)

(202)徐用心中甚是不忍,想着哥哥不仁,到夜来必然去逼苏奶奶。(明《警世通言》)

(203)我想着香闺少女,但生的嫩色娇颜,都只爱朝云暮雨,那个肯凤只鸾单?(元《望江亭》)

这些例句中的"写""想"都是可以带谓词性宾语的动词,"着"跟在这些动词后介引小句时,与动态义无关,仅起到标句词的作用。

祖生利(2000)和张安生(2007)都认为汉语是受阿尔泰语系的影响才产生了引语标记。祖生利(2000)曾提到,蒙古语的引语动词在元代对北方"汉儿言语"产生过影响,使言说动词"道""说"在元明"汉儿言语",特别是"直译体""直讲体"白话文献为代表的"蒙式汉语"里出现了如蒙古语引语动词的用法。例如：

(204)色目人"做了几遍？"么道问了。(元《元典章·刑部》)
(205)帖木真说："我的马被人劫去了。"说了。(元《蒙古秘史》)

"道""说"等言说义动词在汉语里本来就有引语动词的用法，只是在对译蒙古语时被拿来对应蒙语的引语动词或引语标记，不能证明汉语的"道""说"在蒙语的影响下产生了引语动词的用法。

张安生(2007)提到，在青海西宁回民话中有引语标记"说着/•ʂɔ•tʂɔ/""说/•ʂɔ/"，句法结构是"引语＋说着＋V"。张安生的研究在详细描写了"说着/•ʂɔ•tʂɔ/""说/•ʂɔ/"的用法之后，提出西宁回民话这两个引语标记是在阿尔泰语系，特别是蒙古语族的影响下，由早期后置的引语动词"说"的连接式和陈述式语法化、凝固化的结果。

不可否认的是，青海西宁回民话确实受到了阿尔泰语系的影响，但引语标记"着"在汉语中有清晰的演化脉络。"着"可以介引宾语(动作对象)，附在言说义动词后，具有了介引直接引语和间接引语的作用(引语是言说义动词的直接宾语)，这是语言内部本身具有的演化潜能。语言接触确实会促进语言演化。民族融合加剧的时期，往往也是汉语演变最快的时期。但语言接触对于语言演变只是外部影响，真正导致语言演化的仍是语言内部的演化潜势。汉语方言研究，特别是西部方言研究与语言接触联系紧密，很多语言现象不能简单归因于语言接触的影响，比如假设助词"呵"、引语标记"说着"等都需要从历时和共时角度出发，用演化的眼光来看，如果能够在语言内部找到演化的依据，就不应该归因于语言接触。

2) 述补结构助词[①]、参照时间同时标记、假设条件助词和话题标记等

当"V＋着＋受事"后带有对受事宾语的描述成分时，形成"V＋着＋O＋C"结构。因被描述对象一般有定，而有定宾语往往会被省略或作为话题提前，所以更常见的是"V＋着＋C"的情况。"着"用在"V＋着(＋O)＋C"的例子最早见于唐五代时期。例如：

[①]"V＋着＋C"结构关注的是受事及其补充成分，而动态义更多与动作和动作主体相关，这个结构的"着"的动态义没有得到凸显(没有影响到述补结构后续的一系列演化)，所以我们将与述补结构相关的演化放在与介词性相关的语法化部分讨论。

(206)所以觅着转远,求之转乖。(唐《镇州临济慧照禅师语录》)
(207)亲情劝着何曾听,父母教招似不闻。(五代《敦煌变文集新书》)
(208)韵清玲,声琦●,听着令人皆出离。(五代《敦煌变文集新书》)

与例(183)连动结构"围着煞之"不同,这些例子的谓语都是缩略结构,"着"后成分是对受事宾语的描述。陆俭明(1990)提到,述补结构与主谓、述宾、偏正、联合结构不同,述补结构是一种缩略型结构。除带程度补语的述补结构外,其他类型的述补结构都是由两重结构缩略而成。当述补结构充当谓语时,由此形成的主谓结构实际上也是由两重主谓结构缩略而成的。例如,"我把地板刷干净了"是由"我刷地板""地板干净了"这两重主谓结构缩略而成的(陆俭明,1990)。例(206)可理解为"(人)觅着它,它转远";例(207)可理解为"(亲情)劝着他,他何曾听";例(208)可理解为"(人)听着声韵,声韵令人皆出离"。以上用例都是述补结构做谓语造成的双重主谓结构。

述补结构的缩略性导致句子会被解读为两个事件(双重主谓),"着"前事件就很可能被当作后面事件的参照或假设条件看待。如例(206)"觅着它,它转远"中"寻觅它"可以解读为"转远"的参照时间或条件。五代时已有比较明显的可解读为时间参照的"着"。例如:

(209)若见时交(巧)出言词,税调着必生退败。(五代《敦煌变文集新书》)
(210)姑问十三娘:"寻常道'我会禅',口如铃相似,今日为什摩大师问着总无语?"(五代《祖堂集》)

例(209)"见时"与"税调着"对举,点明这里的"税调着"是时间参照。例(210)有两个参照时间,一个是"寻常",另一个是"今日大师问时",十三娘在前一个参照时间"口如铃",在后一个参照时间"总无语"。这些五代时的用例虽可解读为参照时间同时标记,但句法结构仍为"V+着+C",没有形成新的句法结构,我们不能确定这里的"着"是否已语法化为参照时间同时标记。

在宋代,有"着"表参照时间同时关系,但不能解读为述补结构的用例。例如:

(211)问:平时处事,当未接时,见得道理甚分明;及做着,又便错了。不知如何恁地?(宋《朱子语类》)

(212)惟其天下无二道,圣人无两心,所以有我底着他底不得,有他底着我底不得。(宋《朱子语类》)

例(211)的"当未接时"与"及做着(等到做的时候)"相对,都表示参照时间。"做着"作为"及"的宾语,不能与后面的"又便错了"形成述补结构。例(212)的"着"前是一个事件,不是一个简单的动词,不能与后面成分形成述补结构。这些例子中的"着"都已经不能解读为用在述补结构中,只能理解为表示参照时间或逻辑条件。其句法结构为"X+着,VP",X不必是及物动词,可以类推到表示事件的小句。

吕佳(2016)认为,山西芮城方言(按《中国语言地图集》[2012],属中原官话汾河片解州小片)中,"着"可表示"的时候",例如:

(213)夜过_{昨天}我来着,还好好的。(山西芮城方言,吕佳[2016]用例)
(214)兀当会儿你爷在_{在世}着,他们都可听话哩。(山西芮城方言,吕佳[2016]用例)

例(213)意为"昨天我来的时候,还好好的";例(214)"兀当会儿你爷在着"意为"那会儿你爷在世的时候",都与后面的事件构成参照时间同时关系。

时间关系蕴含条件关系,而条件小句往往可以当作话题看待。表参照时间同时关系的"着"还可能有表逻辑关系的解读。在宋代,"着"的假设条件助词/话题标记用法应该已经发展成熟。例如:

(215)云:"贤读着,总是字;某读着,总是禅。"(宋《朱子语类》)
(216)如人去路头迎接那人相似,或今日接着不定,明日接着不定;或那人来也不定,不来也不定;或更迟数日来也不定,如此方谓……(宋《朱子语类》)

例(215)中的"着"可以解读为表时间关系或逻辑关系(或话题),即"贤读的时候,总是字;某读的时候,总是禅"或"贤读的话,总是字;某读的话,总是禅"。例(216)中,"不定"是前面话题"今日接""明日接"的述语,"着"前为信息焦点,是比较明显的话题句。

此外,现代普通话和很多方言中仍可见"V+着+C"结构。一些学者认为它是中动结构,一些学者认为"V+着"作为插入语可表主观评价,不过这个中动义和主观评价义是整个构式带来的，"着"位于整个构式中不表持续，更像是结构助词用法。

6. 动态助词"着"相关用法的语法化路径

澄母药韵表接触、附着的处所动词"着"在连动结构"V＋着＋处所"中经重新分析得到介引受事的介词"着"，句法结构为"V＋着＋受事"。"着"在介词化过程中经认知隐喻获得表动作达成/实现的新语义。这个新语义可能伴随或稍晚于介词"着"的产生而出现。

唐五代时期，介词"着"在"V＋着＋受事"的基础上演变出结果补语"着"，表特定结果的达成，句法结构为"V＋着"。元明时期，形成动相补语用法，句法结构为"V＋着＋了＋O"。

在六朝时期，已有表持续的"V＋着"用例。这种持续义并非动作完成之后形成的结果状态持续，而是需要有持续外力输入才能维持的动作状态持续。最晚在唐五代时期，结果补语"着"和持续体"着"已经分化为两个词，并且很有可能已产生语音分化。

在宋代，连动结构"V/A＋着＋O＋VP"省略宾语得到"V/A＋着＋VP"结构，经重新分析得到状中结构"X＋着＋VP"，X可表方式和程度（如"十分着说不得"），"着"为状中结构助词。到了元明时期，"X着"表程度的情况消失，"着"特化为表方式的后缀。

"V＋着＋受事"中的介词"着"在谓宾动词后特化为标句词介引宾语小句；在言说义动词后特化为引语标记介引直接引语和间接引语；在词汇化了的介词"x着"中进一步虚化为介词词内成分"-着"，仍起到介引动作对象的作用。

在宋代，"着"在述补结构"V＋着＋C"语境中演变出参照时间同时标记、假设条件助词和话题标记等用法。

综上所述，动态助词"着"相关的语法化路径如图4-2所示。

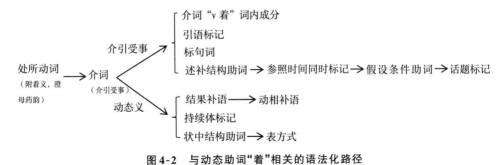

图4-2 与动态助词"着"相关的语法化路径

动态助词"着"的演化有可靠的结构、语义和认知依据,是语境诱发的语法化,不是语言接触导致的。重新分析、类推和认知隐喻是动态助词"着"相关语法化的主要机制。隐喻发生在"物体＋着＋处所"和重新分析得到的"动作＋着＋受事"两个结构的"着"之间,由"物体'附着/到达'于某处"隐喻得到"动作'达成/实现'于受事"。"V＋着＋O"中的宾语由处所被重新分析为受事后,宾语中的处所名词也类推到普通名词,其中起作用的语法化机制是重新分析和类推,而不是隐喻。

"V＋着＋受事"结构的产生是"着"语法化的关键节点之一。这个结构中的"着"经历了两种变化,一是结构上的介词化,二是处所义磨损后获得表达成/实现的新语义。现代汉语和方言中介引动作对象的"着"相关用法的存在,证明这个演化节点的"着"在结构上具有介引受事的作用,不是结果补语或动相补语。

"着"动态义的分化不是依据动词的静态或动态,而是依据句子事件的均质性。"着"在不均质事件中表现为达成/实现义,并在唐五代时期形成表特定结果达成的结果补语用法,后演变出动相补语用法;在均质事件中表现出动作状态持续义。最晚在唐五代时期,结果补语"着"和持续体"着"已经成为两个词,且很可能已产生语音分化。

句法位置对词语的语法化产生了很大影响。"着"在状中结构助词位置特化出表方式的后缀用法;在述补结构助词位置发展出参照时间同时标记、假设条件标记和话题标记等用法。

4.3.4　语气词、先行义助词"着"

1. 先行义"着"

关于先行义"着"的演化,杨永龙(2002)、邢向东(2004)分别从历时和共时的角度证明"再说"义(先行义)的"着"来自表祈使/愿望的"着",只是二人对语法化的动因和具体过程有不同看法。杨永龙(2002)认为,从单纯表示祈使/愿望,到用于表示祈使/愿望的句子中(兼有"暂且先[VP]之意"),再到表先行义,三者可以构成一个渐变序列。因此,杨永龙(2002)认为,明代以来"再说"义的"着"是从唐宋以来表示祈使/愿望的"着"演化而来。邢向东(2004)认为,先行义"着₂"是在"等/待/先/且VP了＋着"的祈使结构中,本属于"着₁"(表祈使)的"着"被重新分析的结果。其语法化过程是:①表带持续意义的命令、劝勉、禁止等;②在"(等/先＋VP了)＋着"的祈使句尾,与"等/先""了"等词语共同表示先行意义;③与"等/

先"类词语逐渐疏远,独立表示带先行意义的祈使语气;④用在时间名词后,表示带先行意义的祈使语气。其实二人的说法并不矛盾,只是一个侧重历时语料与语义演化的连续性和阶段性,另一个侧重共时语料与所处语境对语义演化的影响。两人都认为先行义"着"来自表祈使语气的"着"。我们也认为由祈使语气"着"语法化为表先行义的"着"这个结论是可信的,其语法化过程经历了语境诱发的语法化的几个阶段,各阶段用法构成渐变序列。

2. 祈使语气词"着"

吕叔湘(1941)、太田辰夫(2003)、吴福祥(1996)等从古籍语料出发,认为"着"从唐五代开始表祈使语气,但关于祈使语气用法的来源却有不同看法。

吕叔湘(1941)认为,表祈使语气的"着"和"者""咱""则个"是同一语气词的变体。太田辰夫(2003)认为表祈使的"着"的来源说不清,因为在较早的例子里,"着"不一定用在持续动词后,但在明代,用于持续动词后的趋势加强了。吴福祥(1996)也指出,在晚唐五代的文献中,"着"祈使句中动词多数具有持续义,但也有不是持续义的。卢烈红(1998)、邢向东(2004)认为,近现代"着"表祈使多带持续义,是唐宋以来表祈使的"着"功能单一化的结果。

前人对"着"字祈使句的研究多注重描写其句法结构、搭配的动词和时体特点,以及语义的进一步演化等。我们在本小节试讨论表祈使语气的"着"的来源问题。

从语料看,"着"表祈使语气的用法位于句尾,初见于唐五代时期,有三种结构模式,列举如下。

1)"V+向+处所+着"

(217)裴对曰:"若怪即曳向下着。"(唐《因话录》)
(218)师唤维那:"安排向明灯下着。"(五代《祖堂集》)
(219)山云:"雪峰打二十棒,推向屎坑里着。"(五代《祖堂集》)
(220)师问僧:"诸方行来道我知有,且与我拈二千大千世界,向眼睛上着。"(五代《祖堂集》)

2)"V+补语(却/倒/出,等)(+O)+着"

(221)迦叶云,倒却门前刹竿着。(唐《黄檗山断际禅师传心法要》)
(222)又用木刷倒着。(五代《敦煌变文选》)

(223)师云:"坐却着。"(五代《祖堂集》)
(224)师唤沙弥:"拽出这个死尸着。"(五代《祖堂集》)

3)"V(+O)+着"

(225)祖云。礼拜着。老才礼拜。祖便与一蹋。(唐《江西马祖道一禅师语录》)
(226)师唤沙弥,沙弥应喏,师云:"添净瓶水着!"(五代《祖堂集》)
(227)夹山上堂,云:"前日到岩头石霜底阿师出来,如法举着。"其僧才举了,夹山云:"大众还会摩?"众无对。(五代《祖堂集》)
(228)香严云:"进问着!"师便问:"万机休罢则且置,千圣不携是何言?"(五代《祖堂集》)

这三种结构的语料年代相去不远,不能从语料时间判断哪种结构是祈使语气词"着"的来源。我们只能从语法化的一般规则和由语境诱发的重新识解的阶段性来判断哪种结构出现得更早。

基于语言认知规律及对各国语言演化的研究,语法化理论提出了一些共识性的理论假设:在不能判断哪个语法现象更早时,表示空间的语法手段会比表示时间的用法语法化程度更低;两个处在同一语法化链上的语法形式中,与本义更接近的语法形式的语法化程度更低。从这三种结构的语义来看,"V+向+处所+着"与空间有关,且与"着"的动词义"附着/安置/放置"有直接关系,更有可能是祈使语气词"着"的直接来源。

从语境诱发的重新识解的阶段性来看,"V+向+处所+着"有从"表示处所动词"到"表示处所或祈使"到"表示祈使义"的完整语料。例如:

(229)脱帽安怀中,坐儿膝头着。(唐《王梵志诗》)
(230)身心并出家,色欲无梁着。(唐《王梵志诗》)
(231)直至来朝,遂见行者将一铛饭向堂中心着,共老宿吃,又不唤师。(五代《祖堂集》)
(232)洞山云:"某甲无。"师曰:"有,汝向什摩处着?"(五代《祖堂集》)

这四个例句中的"着"都具有明显的动词性,表"放置"。前两例结构为"处所+着",后两例结构为"(V+)向+某处+着"。

(233)德山呵云:他向后老汉头上扇着!(五代《祖堂集》)
(234)山云:"雪峰打二十棒,推向屎坑里着。"(五代《祖堂集》)
(235)师唤维那:"安排向明灯下着。"(五代《祖堂集》)

衣穿贤次(收录于中山大学人文学院佛学研究中心,2017)认为例(233)中的"着"是动词,不表祈使语气,因为如果表示祈使语气,那就是吩咐别人向他头上"扇屎",所以这里的"着"应该是动词性的。"向后"表时间,"老汉头上扇着"是"处所+V+着"结构,"着"表处所。与例(233)不同,衣穿贤次(2017)认为例(234)"雪峰打二十棒,推向屎坑里着"中的"着"表示祈使语气。这两点看法都是比较有道理的。动词"推"和表示方向位移的介词"向"在这里代替了处所动词"着"(表放置动作和介引放置处所)的作用,"推向屎坑里"已经是一个完整的事件,"着"语义虚化,更适合解读为祈使语气。但前面还有处所名词,因此"着"表处所的语义尚未完全虚化。例(235)中,话语前已经指明"师唤维那",所以"安排向明灯下着"是"师"对"维那"发出的指令,整句是祈使语气,"着"可表祈使语气,但因前面有处所,所以也可解读为处所动词义。"V+向某处+着"应是处所动词"着"向祈使语气词"着"演化的第一步(有两种解读的可能)。

"V+向+某处+着"中动词和表位移和方向的介词"向"组合在一起,替代了"放置/安置/附着"义的动词"着"("着"的"放置"义被动词语义替代,介引终点位置的功能被"向"替代),导致"着"的语义磨损,经重新分析后表祈使语气。"V+向某处着"被重新分析为"V向某处+着","着"的结构层次发生变化,成为管辖整个句子的语气词。"V+向某处"结构紧密,成为动补结构,后补语类推扩大到"却/倒/出"之类的补语,形成"V+补语(+O)+着"结构。这应是语法化的第二阶段,"着"的处所义磨损,其前不必须有处所成分,排斥处所义解读。

"V(+O)+着"结构的形成标志着祈使语气词"着"语法化的完成,即最终形成新的结构类型,并产生新的语法意义。"V(+O)+着"也是现代普通话中表祈使语气的"着"常见的结构。

祈使语气词"着"来源于表处所的动词"着",而不是表持续的"着",所以才会出现前人们提到的早期"着"字祈使句不限于使用在持续义动词句的现象。至于后期祈使语气词"着"在句中兼有时体义,应该是使用频率更高、使用群体更广的持续体"着"与表祈使语气的"着"相互影响的结果(表持续的"着"在很多方言都可见到,表祈使语气的"着"分布范围相对较窄)。

3. 表其他语气的"着"

表疑问、陈述、感叹等语气的"着"也位于句尾,古籍用例比表祈使语气的"着"用法少且出现年代晚,应该是表祈使语气的"着"的类推泛化。

表陈述语气的用例:

(236)恶业是门徒自造着,别人不肯与你入黄泉。(五代《敦煌变文集新书》)
(237)或见不是处,有人读者,即与政着。(五代《敦煌变文集新书》)
(238)将笔来抹了着。(元《朴通事》)

例(236)"恶业是门徒自造着"中的"着"位于句尾,语义完全虚化,只表陈述或强调语气,其语法功能相当于现代汉语中的"是……的"中的"的"。例(237)意为"有人读的话,就给改正了吧",是作者写给未知读者的话,对象不明确,祈使语气不强,可视为陈述语气。例(238)"将笔来抹了着"中的"着"位于"了"后,语义管辖整句,位于句法上层,是语气词用法,表陈述语气。

(239)问:"一物不将来,为什摩却言放下着?"(五代《祖堂集》)
(240)问:"谁可傅太子着?"(宋《资治通鉴》)
(241)狄周媳妇问说:"醒了怎么样着?他说害疼来没?"(明《醒世姻缘传》)
(242)出口是愿,咱这里一举心,那西天的老佛爷早知道了,使不的咱儿着?(清《儿女英雄传》)

例(239)是针对别人的命令"放下"表达自己的疑惑:"什么都没拿来,为什么却言放下呢"。"着"在此与时无关,也不表处所,只表达疑问语气。例(240)和(241)中,"着"也都是比较明显的疑问语气词。例(242)是反问句,句尾"着"也是语气词用法。

根据陈明富、张鹏丽(2011)的考察,河南罗山方言(中原官话信埠片)中的"着"可表是非问和特指问疑问语气,在使用时隐含一种主观心理假设,说话人需要听话人的回答来决定下一步行动。例如:

(243)上街你去不着?(罗山话,陈明富、张鹏丽[2011]用例)

(244)来了多少人着?(罗山话,陈明富、张鹏丽[2011]用例)

例(243)隐含如果对方回答去,说话人可能要等他,如果不去就先走。例(244)中,问话人不光是要知道多少人,也隐含需要依靠答案来准备下一步行动的意思,如做多少饭,准备多少碗筷之类的。这种用法有点类似普通话加强疑问语气的"呢"的用法。

汉语句尾位置本身比较容易被附加各种语气义,"着"位于句尾表语气,在不同语境中很容易附加上疑问、陈述、强调等语气义。句法位置(位于句尾)在"着"由表处所到表语气的语法化过程中起到了非常重要的作用。

4.3.5 表使役、致使、处置、被动的"着"

"着"表使役和被动的用法在很多方言中都有,前人研究也很多。有学者认为"着"表被动来自"着"的"遭受"义(吴福祥,1996),而另一些学者认为"着"表被动来自它的使役用法(蒋绍愚,2005)。

冯春田(2000)认为,"着"在中古汉语里由"附着"义发展出"使……附着""施加"义,如"着鞭""着衣"等,这些用法包含"使"和"用"的意思,并由此发展出使役用法。他认为,"着"的使役用法始见于唐代,在宋元以后,尤其是明清时期的通俗文献中比较常见。"着"字表被动来源于"着"的使役用法,大约始于宋代,元明罕见,清代以后才多了起来。但同时冯春田(2000)也认为"着"还有表示"遭受"的意思,当"遭受"义"着"带动词的时候,就变为被动句用法。

李蓝(2006)从跨方言共时语料出发研究"着"表被动的现象,认为南北方"着"表被动的用法不同源,南方被动"着"字句来源于"着"的"遭受"义用法,北方被动"着"字句来源于"着"的使役用法。

王全华(2020)认为,山东临沂方言(属中原官话兖菏片)中表处置的"□/tṣaŋ⁵⁵/"本字是"着",由放置义动词经由工具格介词演化而来即,放置义动词＞工具格介词①＞处置标记。

汉语"使役"义和"遭受"义的"着"都有演化为表被动的潜势。我们先讨论"着"表使役的用法,而后再看"着"表被动、处置、致使等的来源问题。

---

① 王全华(2020)所说的工具格介词,相当于鄢陵方言中的"□/tṣaŋ⁵⁵/小擀杖儿打他"中的"□/tṣaŋ⁵⁵/"。

1. 使役义"着"字句

冯春田(2000)认为,表使役的"着"是由"附着"义演化出"使……附着""施加"等用法,后经由"使用"义发展出"使役"用法。其他学者谈"着"表使役的现象,重点都在于讨论其与表被动的关系,极少涉及"着"表使役的来源。

接下来我们详细分析有可能与使役用法"着＋N＋VP"相关的几个义项:着令(命令)、用、安置,放置,找出"着"使役用法的语法化路径。

1)"着令"

"着令"最初是两个词组成的动宾结构,在古籍中也有"着之制令"或"着于法令"的说法,"着"在这些结构中是"写、刻"的意思。例如:

(245)王、伯之令也,引其封疆,而树之官,举之表旗,而着之制令,过则有刑,犹不可壹。(春秋《左传》)

(246)此皆不着于法令,而圣人之所不口传也。(西汉《淮南子》)

汉代后,"着令"紧缩为一个词,可以作名词用,表示"书面写的规章制度","着"和"令"分别都可以表示"书面写的规章制度",作动词用表示"命令,下令"。例如:

(247)廷尉与丞相更议着令。(东汉《汉书》)

(248)以故萧相国甲第为安汉公第,定着于令,传之无穷。(东汉《汉书》)

(249)其着令:年八十以上,八岁以下,及孕者未乳,师、朱儒当鞠系者,颂系之。(东汉《汉书》)

(250)后着令,制:重翟,青质,金饰诸末,朱轮,金根朱牙,其箱饰以重翟羽。(唐《通典》)

例(247)"着令"合用,表示"书面规章制度";例(248)"定着于令"中,"着"单独表达"规章制度"的意思。后两例中,"着令"是动词用法,表"命令",宾语是小句(命令内容)。例(249)中的"着令"表示"命令",其后"年八十以上……"为命令的内容。例(250)"着令"的内容是"制:重翟,青质,金饰诸末"等物。

六朝时,始见"着"单独使用表"命令",且"着"的宾语为"人"(可听得懂命令的高生命名词),是比较典型的使役用法。例如:

(251)何必房集内宴,尔乃款诚,着妻妾饮会,然后分好昵哉!(六朝《抱朴子》)
(252)吴主怒,教缚琰,着甲士引弩射之。(六朝《搜神记》)
(253)其弟子待来到慎言处觅船。慎言与排比一双船,着人发送讫。(唐《入唐求法巡礼行记》)
(254)着丁雄万就阎方金船遣楚州。(唐《入唐求法巡礼行记》)

五代时,"着"由使役义发展出容许义。例子较少,如:

(255)师云:"我不可着汝这般底,向后去别处打风颠去也。"(五代《祖堂集》)

这些用例大多为上级对下级的命令,"N1命令N2做某事",为典型使役用法。例(251)意为丈夫对妻妾下达命令,让她们"饮会"。例(252)是吴主对甲士下达命令,让其"引弩射之"。例(253)(254)的"着人发送讫""着丁雄万……遣楚州"也是"让某人做某事"。这些例句与后世清代正式官文中常见的"着"的使役用法一致,例如:

(256)着民政部、步军统领、姜桂题、冯国璋等严密防范,剀切开导。(《清史稿》)
(257)应照斤两收纳,着该抚详议。(《清史稿》)
(258)嗣后着督抚临时酌量应减若干,奏明请旨。(《清史稿》)

从以上分析可见,春秋时期"写作、刻"义的"着(著)"与"令"组合为动宾结构;在汉代,"着令"词汇化用作名词表示"书面规章制度",后活用作动词表示"命令";六朝时期,"着"已经可以单独使用表使役,句法结构为"着＋N(高生命名词)＋VP",这是典型使役用法。

表"写作、刻、画"的"着"演化为表使役的"着",应是没有疑问的。一方面,我们从春秋到六朝时期可以看到完整的证据链;另一方面,六朝时期的"着"表使役的用法一直延续到清代,有清晰的使用连续性。然而,关于表"写作"的"着"是否是表"使役"的"着"的唯一来源,我们需要进一步探讨有可能与使役相关的其他用法的演化路径。

2)"用、安置"

"着"在战国时期已有"着意""着力"等用法的用例,可以解释为"用意""用力"。例如:

(259)罔流涕以聊虑兮,惟着意而得之。(战国《楚辞》)
(260)浚洙者,深洙也。着力不足也。(战国《谷梁传》)

例(259)中,"着意"表示"用心地","着"在这里是"用"的意思。例(260)中,"着力不足"指"用力不足"。

唐代时,也有类似的可以将"着"解读为"用"的语料,且在一些用例中,宾语后会带动词,语义结构为"用N,做某事"。例如:

(261)诸营住及营行,前后及左右厢肋上,五里着马两骑,十里更加两骑,十五里更加两骑,至三十里,一道用人马十二骑。(《卫公兵法辑本》)
(262)至夜,每阵前百步外,各着听子二人,一更一替,以听不虞。(《卫公兵法辑本》)
(263)每队,队头一人,副队头一人。其下等五十人为辎重队,临别着队头一人,副队头一人,拟战日押辎重,遥为声援。(《卫公兵法辑本》)
(264)其贼路左右草中,着人止宿,以听贼徒,如觉来报,烽烟皆举,烽递报军司知觉。(《卫公兵法辑本》)

例(261)后面的"一道用人马十二骑"点明前面的"五里着马两骑"中的"着"是"使用"的意思。例(261)—(263)的结构都是"某处所+着+N+数量结构",语义也一致。

例(264)的语义结构是"着+有能动性的N+VP",有可能解读为使役用法,但这里"着"的宾语"人"为无定名词,而如果是"命令",一般需要跟有定宾语,因此不太适合解读为使役用法。结合上面几例"着+N+VP"的情况,这些句中的"着"更适合解读为"用、安置",意思是"安置人在这里住宿,用来监听贼徒"。

"着"的"用、安置"义是由"使……附着"义衍生出来的。在这一语义中,隐含着一个主观能动性强的施事N1,"N1使N2附着某地"。经语用推理,可以得出"N1安置N2在某地""N1在某地用N2"这样的语义结构。在"N1在某地用(安置)N2"后加上目的,就变成了"N1在某地用(安置)N2,以VP"。

在唐以前的例子中,"着"前仍有处所出现。到了宋代,带有"使用"义的"着"字句中,"着"的处所义已经完全磨损,只表现出"使用"义。例如:

(265)如耳听目视,自然如此,是理也;开眼看物,着耳听声,便是用。(宋《朱子

语类》）

（266）才说偏了，又着一个物事去救他偏，越见不平正了，越讨头不见。（宋《朱子语类》）

虽然以上用例与表使役的"着"字句结构相仿，但"着（用）"的宾语能动性不强，较难理解为使役，更多解读为"使用"义（宾语为高生命名词的例子很少，且多为无定名词，更适合解读为"使用、安置"而不是"命令"）。因此"用、使用、安置"义的"着"不是表使役的"着"的来源。

3)"放置"

由"使……附着"衍生出来的"放置"义"着"字结构"S+着+N+(S)VP"与使役结构的句法结构相似。例如：

（267）煎法一同合泽，亦着青蒿以发色。（六朝《齐民要术》）
（268）大瓮中多着冷水以浸米。（六朝《齐民要术》）
（269）着麻油炒葱令熟。（六朝《齐民要术》）
（270）经三日，压取清汁两石许，着热粟米饭四斗投之，盆覆，密泥。（六朝《齐民要术》）

但这些句中"着"的宾语大多是调料或工具，是无生命的，"着"后动词结构所代表的动作是"着"的主语发出来的，即"S+着+N+(S)VP"，与使役句语义结构"S+着+N+(N)VP"不一致，也不是表使役的"着"的来源。

4) 小结

从以上分析可以看出，表使役的"着"源于其"写作、刻画"义。随后，"着令"词汇化为名词"着令（典章制度）"，后用作动词表"命令"。其后，"着"单独使用表示命令，"着（著）"字句开始有使役用法，这种用法一直延续到清代公文中。然而，由"使……附着"义经由语用推理得来的"用、安置""放置"义都不是使役用法的来源。虽然"某处安置某人，以做某事"结构紧缩后有可能有使役用法的解读，但古籍中几乎没有"着"的宾语为有定名词的情况，且"着"前常带有处所，语义理解受到前面的处所词影响，尚未脱离"安置"义。此外，"放置"义"着"的宾语多为无生命名词，且语义结构与使役不同，也较难有使役用法的解读。

综上所述，我们认为表使役的"着"的演化路径为：使……附着→写作义→书面规章制度"着令"（名词）→命令义"着令"（动词，带小句宾语）→使役用法"着"（带指人名词宾语）。

2. 致使义"着"字句

汉语表使役的"使""令""叫"字句，都发展出了表致使的用法，"着"字句也有这样的演化。宋元时期，"着"字句从使役发展出了致使义用法。例如：

（271）"巴掌拳头一齐上，着你旱地乌龟没处躲！"张虎听了大怒，就去扯住张狼要打。(宋《快嘴李翠莲记》)

（272）我则道是谁人向这槽畔低低叙，听沉了着我惨惨的怕怖。(元《庞居士误放来生债》)

（273）若不送来，我着你人人皆死，个个不存。(元《西厢记杂剧》)

（274）老夫人事已休，将恩变为仇，着小生半途喜变做忧。(元《西厢记杂剧》)

例（271）"着你旱地乌龟没处躲"的结构是"着＋N＋致使结果"，"致使结果"是对名词"N"的描述，整句语义为"让你像个旱地乌龟一样没处躲"；例（272）"着我惨惨的怕怖"的结构是"着(致使义)＋我＋惨惨的怕怖"；例（273）"着你人人皆死"的结构是"着(致使义)＋你＋人人皆死"；例（274）"着小生半途喜变做忧"的结构是"着(致使义)＋小生＋半途喜变做忧"。这些早期"着"字致使句中"着"的宾语大多是高生命名词，其后结果状态是对"着"所带宾语的描述。全句表达"主语做某事，致使'着'的宾语产生后面描述的结果状态。"

"致使"义"着"字句出现年代较晚，且结构中"着"的宾语大多是高生命名词，与使役句法结构相同，且句中"着"宾语的高生命性也有一致性。所以我们推测"着"表致使的用法由其使役用法演化而来。

汉语中表使役的"使""令""叫""着"都有从使役到致使的演化，我们可以认为汉语中存在"使役＞致使"的演化斜坡。

3. 处置义"着"字句

冯春田（2000）提到，"着"自唐代开始有类似"把"（表处置）字的用法，并认为有两种类似处置句式，一种与介词"以""用"比较接近，不会来自使役用法，另一种是由使役用法演变来的。

冯春田（2000）提到的第一种处置句的用例如下：

（275）莫忧世事兼身事，须着人间比梦间。(唐·韩愈《游城南十六首·遣兴》，冯春田[2000]用例)

（276）怜渠直道当时语，不着心源傍古人。(唐·元稹《酬孝甫见赠十首》，冯春

田[2000]用例)

(277)着绫幡做甲,把钵盂做头盔戴着顶上。(元《西厢记诸宫调》,冯春田[2000]用例)

第二类用例如下。

(278)满月日老娘来,着孩儿盆子水里放着,亲戚们那水里金银珠子之类,各自丢入去。(元《朴通事》,冯春田[2000]用例)

(279)你着我当吃屎的孩子哄我,领了我的细丝银子,交精铜棒棍子给我!(明《醒世姻缘传》,冯春田[2000]用例)

冯春田(2000)未提及分类标准。从例子来看,第一类"着"的宾语都是低生命名词,很难理解为使役句;第二类中,"着"的宾语都是高生命名词,与使役句类似。冯春田(2000)可能是基于这点把它们看作两种类型。接下来我们从冯著关于"着"的分析出发,讨论"着"表处置的语法化路径。

1)第一类处置句

冯春田(2000)提到的第一类处置句,我们认为应是源于"着"的"附着"义。"着"的"附着"义,经过语用推理衍生出"穿戴、携带、拿着"义,如"着衣""着鞭""着刃"等。冯春田(2000)认为这种用法包含"使""用"义,是使役"着"字句的来源。我们不同意这种看法。"穿戴、携带、拿着"和"使、用"义这两者的语义结构不同,前者为"N1着(携带、拿着)N2,(N1)VP",后者为"N1着(用、安置)N2,(N2)VP"(可参见前文关于"着"表"用、安置"义的分析和例句)。与处置义相关的是前者,而不会是后者。

我们来看一下"着"表"拿着、携带"义的历时语料。例如:

(280)王苟即着玉趾以见寡人,请亦佐君。(西汉《战国策》)
(281)又曰:"先王以权推诚已验,军当引还,故除合肥之守,着南北之信,令权长驱不复后顾。(六朝《三国志》)
(282)其屋,预前数日着猫,塞鼠窟,泥壁,令净扫地。(六朝《齐民要术》)

例(280)(281)中动词"着"是比较明显的"携带、拿着"义,表示"拿着(携带、持有)某个信物,做某事",都只表示"拿着、携带、持有"的意思,不能解读为"使用"。

例(282)为连动句"着猫,塞鼠窟",意为"拿猫塞到鼠洞里","猫"在这里是"塞鼠窟"的工具/材料。在某些语境下,紧缩后的"着猫,塞鼠窟"有可能理解为对"猫"的处置,"把猫塞到鼠窟",这样,句子就成为"处置到"型广义处置句[①]。

(283) 饱吃更索钱,低头着门出。(唐《王梵志诗》)
(284) 盖其间有大段害事者:如论性善处,却着一片说入太极来,此类颇多。(宋《朱子语类》)

冯春田(2000)用到的例(275)和例(277)的"须着人间比梦间""着绫幡做甲"为"处置作(广义处置式的一种,广义处置式涉及两个对象)"。例(276)"不着心源傍古人"同样涉及两个对象,也是广义处置式。而例(283)"着门出"意为"把门出",动词只涉及一个对象,是狭义处置句。例(284)的结构为"着+N+V+X(补充成分,非题元角色)",动词"说"也只涉及一个对象,是狭义处置句。

我们推测,"着"的处置用法初见于唐代,宋金以前就已经有了广义和狭义处置用法是由"着"的"附着"义推理得出"拿着"义,并进一步演化得来的。

汉语"手持、携带"义演化到处置义的过程中,往往会经历"工具式"阶段,如"将"和"把"的演化(吴福祥,2003)。考虑到从"拿着、携带"义到处置义演化的中间阶段,有些例子中"着"的宾语可以有"工具"和"处置对象"两种解读(如例[293]的"蛇"有工具或处置对象两种解读的可能)。现代方言中有"着"介引工具的用法(如前文提到的山东临沂方言"□/tṣaŋ⁵⁵/",王全华[2020]认为本字是"着",有介引工具的作用。河南鄢陵方言中也有"□/tṣaŋ⁵⁵/小擀杖儿打他"的用法),且汉语由"手持、携带"义演化到处置义大多经历了"工具式"阶段,所以我们推测,"着"由"拿着、携带"义演化为处置义的路径为:"附着"义→"拿着"义→工具式→处置义。

2) 第二类处置句

魏红(2009)在研究中指出,明清小说《醒世姻缘传》《聊斋俚曲》中的"着"存在处置用法,与冯春田(2000)书中的第二类处置式同属一类。例如:

(285) 又有一个力士说道:"奉吕纯阳祖师法旨着他添在劫内,见有仙符为

[①] 若动词涉及两个对象,如"处置词(把/将/叫/着)+N1+V+给+N2""处置词(把/将/叫/着)+N1+V+到/在+N2""处置词(把/将/叫/着)+N1+V+作/成+N2",句子则为广义处置句。若动词只涉及一个对象,如"把饭吃了",句子则为狭义处置句。

据。"(明《醒世姻缘传》,魏红[2009]用例)

(286)按院说:"容易,就着他老婆给你。下去罢。"(《磨难曲》,魏红[2009]用例)

(287)诸般家事托给我,又着我叫太太,原是爹娘把我爱。(《禳妒咒》,魏红[2009]用例)

(288)立文契仇大郎,为没钱去纳粮,情愿就着妻作当。(《翻魇殃》,魏红[2009]用例)

魏红(2009)未做进一步分析。我们可以看到,例(285)是"处置到",例(286)是"处置给",例(287)是"处置作",都是广义处置句。例(288)只涉及一个对象,是狭义处置句。这些例子中"着"的宾语都是高生命名词,例句本身与冯春田(2000)中提到的第二种"着"字处置句为同一类型。

这类处置句在结构上与"着"字使役句和致使句一致,都是"N1+着+N2+VP"。使役句中,N1是事件的原动力(N1命令或许可N2做某事),N2是VP的施事;致使句中,N1是事件的原因,N2是VP的施事或与事,VP描述N1给N2带来的变化或导致的结果;处置句中,N1是动作的发出者,VP描述N1的行为动作给N2带来的变化。三者用法对比如表4-1所示。

表4-1 "着"的使役、致使、处置用法对比

N1+着+N2+VP	N1	N2	VP
使役句	命令发出者(原动力)	VP的施事	N2发出的动作
致使句	原因(原动力)	VP的施事、与事	描述N2的变化
处置句	施事(原动力)	VP的受事	N1发出的动作给N2带来的变化

语法化路径中,相邻的两个用法间相似性更高(使役用法与致使用法较近,与处置用法距离较远)。且从出现时间来看,"着"字使役句出现于汉朝和六朝时期,致使句出现于宋元时期,冯春田(2000)和魏红(2009)的高生命受事处置句大多为明清时期用例。所以我们推测,第二类"着"字处置句的演化路径可能是:"着"字使役句→"着"字致使句→"着"字处置句。

这也是汉语中常见的一种演化路径。当然,演化路径也有可能是直接从第一

类处置句类推,得到第二类处置句。这两种演化路径在现代汉语方言中的实际发展情况如何,还需进一步调查。

4. 被动义"着"字句

前人学者很早就认识到汉语"着"有表被动的现象。张相(1955)、袁宾(1990)、吴福祥(1996)、冯春田(2000)都指出宋元文献中有被动"着"字句。田春来(2009)调查发现,"着"字句表被动的用法在魏晋时期已经萌芽,延续于唐宋,并于元明清达到鼎盛,后期发展出与成熟的"被"字句类似的句法特点。

汉语被动句有遭受义、使役义两种来源,"着"同时具有遭受义和使役义,很难从推理确定"着"的被动义是由遭受义还是使役义演化而来。李蓝(2006)认为,南方"着"字被动句源自遭受义,北方"着"字被动句源自使役义。田春来(2009)认为,"着"字被动句来源于遭受义,但近代汉语后期的部分"着"字被动句也可能来源于同形的"着"字使役句。我们从相关历时和共时语料可以看出,田春来(2009)的这个结论是很有道理的。

早期可以被解读为被动义的"着"字句大多来自遭受义。例如:

(289)凤阳门南天一半,上有金凤相飞唤,欲去不去着锁绊。(六朝《邺人金凤旧歌》,田春来[2009]用例)

(290)一朝着病缠,三年卧床席。(唐《寒山诗》)

(291)燕子单贫,造得一宅,乃被雀儿强夺,仍自更着恐吓,云:明敕括客,标入正格。(五代《敦煌变文选》)

例(289)"着锁绊"是"被(遭)锁绊";例(290)"着病缠"是"被(遭)病缠";例(291)"着恐吓"是"被(遭到)恐吓"。从遭受义演化来的被动句含有消极色彩,这三个例句也都是说话人或听话人不希望发生的事,符合从遭受义演化而来的特点。同时期还出现了大量"着N"用法,如"着锁""着魔""着刀剑""着病"等,与"着"的附着义和遭受义联系紧密。

当"着"字的宾语是无生命或低生命名词时,"着"字被动句的遭受义更加明显,很难解读为使役义。例如:

(292)两鬓青青,尽着吴霜偷换。(宋《雨中花·按调乃满路花》)

(293)师曰:"一度着蛇咬,怕见断井索。"(宋《五灯会元》)

(294)狄员外说:"狄周也着雷劈杀了,是还省过来的。尤厨子劈在天井里,狄周劈在厨屋里。(明《醒世姻缘传》)

(295)把寄姐的膝裤,高底鞋,裙子,着水弄得精湿。(明《醒世姻缘传》)

例(292)—(295)四个例子中,"着"的宾语都是低生命名词,"着"的遭受义明显,且不可能与使役用法相关。

当"着"的宾语是高生命名词时,会有不同的解读。例如:

(296)郗公不易胜,莫着外家欺。(唐《戏题示萧氏甥》)

(297)又累得潞州相公家兄文字,及招得魏博子将,闻得逆温于公,君臣之分,已有猜嫌,曾于故镇着人,密欲窥,皆言纪纲,不少谋害稍难,颇得事机极不虚谬。(宋《册府元龟》)

例(296)"莫着外家欺"可以认为是"容许"义(由使役用法演化而来),即"不要容许外家欺";也可以认为是"被动"义,即"不要被外家欺"。例(297)"着人,密欲窥",由于"着"同时有使役和被动两种用法,且句法结构都是"着+N+VP",很难从句法结构分清是使役还是被动,需要看主语的题元角色。若主语是命令的发出者,则为使役;若主语是被窥视的对象,则为被动。

张振羽(2010)、刘海波(2019)未对使役句进行历时考察,因循前人观点认为使役用法的出现晚于表被动的"着"字句,并以此为证据之一,判定被动"着"字句不可能源自使役用法。这是不妥的。"着"表使役的用法起源于两汉,六朝时已发展成熟。在唐宋时期,有些句子有"使役/被动"两种解读,这证明了"着"有从使役演化为被动的可能性。

从方言的角度来看,杨春宇、樊琛琛(2019)曾提到,山西阳城(与河南济源市相连,属晋语上党片晋城小片)"着"有表被动的用法。例如:

(298)上课迟到要着老师骂了。(山西阳城方言,杨春宇、樊琛琛[2019]用例)

(299)书着他拿走了。(山西阳城方言,杨春宇、樊琛琛[2019]用例)

杨春宇、樊琛琛(2019)认为,这些句子虽然表示被动,但与"被"字被动句相比,"着"只是用来介引施事,没有消极色彩,也没有很强烈的被动遭受义。按他们的描述,山西阳城方言中的"着"字被动句应该可以用"给/叫"来描述,如"上课迟到要给老师骂了""书给他拿走了",更接近由"使役"演化而来的"容许/被动"语义类型。

总的来说,从"附着/使……附着"义演化出遭受义被动句的历时语料证据还是很充分的。但是,"着"字使役句也有演化为被动用法的潜势。

4.3.6 "着"的情态用法

我们在分析清代以前"着"的用例时发现,"着"在宋代开始有情态用法。这种用法在古籍分析中鲜有人提及。肖万萍(2010)曾指出,桂北永福官话中有"着"表"必须"的用法,但未分析其语法化过程。在宋代,"着"表情态时可单用,也可与其他情态词组合使用,如"须着""定着""必着""合着""管着"等。宋代出现的"着"的情态用法语料中,"着"已具有成熟的情态义,且使用频率较高。然而,自元代起,此类用例急剧减少,可能是因为"着"的情态用法在当时的书面语基础方言中没有保留下来,所以在元代以后古籍中罕见。

1. "着"表情态

在宋元时期文献中,"着"的情态用法主要与"必要性"相关,大多是表"义务(obligative)"的道义情态用法,可解读为"必须、应该"等义;少量与认识可能性相关,但用例不多。"着"的情态用法与其"使用,用"义相关。例如:

(300)曰:"不须连上句。自说凡事见得是义,便着做,不独说祭祀也。"(宋《朱子语类》)

(301)又如与两人同事相似,这人做得不是,那人便着救他;那人做得不是,这人便着去救他。(宋《朱子语类》)

(302)若书上无底,便着就事上理会;若古时无底,便着就而今理会。(宋《朱子语类》)

(303)须是两下用工,也着涵养,也着致知。(宋《朱子语类》)

(304)且如做一事当如此,决定只着如此做,而不可以如彼。(宋《朱子语类》)

(305)看正文了,却着深思熟读,便如已说,如此方是。(宋《朱子语类》)

(306)曰:"吾儒更着读书,逐一就事物上理会道理。"(宋《朱子语类》)

(307)"退"字皆着改做"进"字。(宋《朱子语类》)

(308)规模自当如此,不如此不得。到得做不去处,却无可奈何。规模自是着

恁地,工夫便却用寸寸进。(宋《朱子语类》)

(309)二子言志,恰似新病起人,虽去得此病了,但着服药堤防,愿得不再发作。(宋《朱子语类》)

古人曾说"例不十,法不立"。这种用法少有人提及,所以这里列举的例子较多,以便学界查验。可以清楚看出,这些例句中的"着"表达的是"需要、得、应该"等道义情态义。

我们查阅历时语料时只发现了两例疑似涉及确定性(认识情态)的用例:

(310)如这一间屋,主常在此居,客虽在此,不久着去。(宋《朱子语类》)
(311)明年又着来,何似休归去?(元《楚天遥带过清江引》)

例(310)中的"着"可以解读为道义情态,"不久着去"解读为"不久应该/得走";"着"也可以理解为认识情态,即"不久还会走"。例(311)中的"明年又着来"也有两读:"明年又得来"(道义情态)或"明年又肯定会来"(认识情态)。这些例句存在两读的可能性,但当时是否可以解读为认识情态还存疑(需要看说话人具体表达的是哪种情态,单看书面材料不能确定)。

道义情态的"着"有两个可能的来源,一是表命令的"着",二是"使用、用"义的"着"。

表命令(使役用法)的"着"的句法结构是"N1＋着＋N2＋VP",即N1命令N2做某事,而N2则必须完成相关动作,与必要性相关。当N1隐去不出现时,"着＋N＋VP"有可能由"命令"演化为"必须"。但这一点在古籍语料中的证据较少。

"着"的道义情态用法也有可能来源于其"使用、用"义。例(308)"规模自是着恁地"对应前面的"规模自当如此",可以看出这里的"着"理解为"应该、应当",是情态用法。它又与"工夫便却用寸寸进"中的"用"相对。"用"在汉语中除了"使用"外,也有表情态的用法,如"用不用去?""我用来吗?",表达的是道义情态"有没有必要",与"着"用法一致。"着"表情态有可能受"用"表情态的影响,也可能是"着"自身的"用"义发展出了表达"必要性"的用法。

根据肖万萍(2010),在桂北永福官话中,"着"有表情态的用例。例如:

(312)哪有恁好的事,吃饭没着钱? 哪有那么好的事,吃饭不需要花钱?(桂北永福官话,肖万萍[2010]用例)

(313)她做事情慢得喊死,洗件衣服着一个小时。她做事慢得要命,洗件衣服得花一个小时。(桂北永福官话,肖万萍[2010]用例)

(314)着他老婆才管得倒他。得他老婆才管得了他。(桂北永福官话,肖万萍[2010]用例)

(315)今天没着我洗碗。今天不必我洗碗。(桂北永福官话,肖万萍[2010]用例)

(316)考试的时候,书包着放去讲台上。考试的时候,书包必须放到讲台上。(桂北永福官话,肖万萍[2010]用例)

(317)我还着想下子。我还得想一下儿。(桂北永福官话,肖万萍[2010]用例)

肖万萍(2010)指出,例(312)(313)中的"着"是动词用法,例(314)—(315)中的"着"是情态副词用法。我们先看例(312),"吃饭没着钱"意思是"吃饭不需要花钱","着"表示"需要用(花)"。例(313)"洗件衣服着一个小时"意思是"洗件衣服得花一个小时","着"在此意思是"得用(花)"。以上用例都含有情态义。桂北永福官话的情态副词"着"应是由表示"得用、需要用"的情态动词"着"语法化而来。我们可以清晰看到,这里的"着"的意思与"用(花费)"相关,应是来自"着"的"使用、用"义。

从"着"的"命令"义或"用"义演化为"必须",都有一定的合理性,但前者古籍语料证据不足,后者语法化路径直接简洁,在汉语中有类似演化,且在现代汉语方言语料中可以找到情态义与"用"义的联系,因此我们推测,从"着"的"用、使用"义演化出情态用法的可能性更大。

2."其他情态词+着"表情态义

汉语单音节情态词往往可以与其他单音节情态词结合成双音节情态词,如"必须""应当""情愿""想要"等。"着"表义务情态(道义情态的一种),与事件必要性相关,可以与"须""必""定""合""固""管"等情态词结合成双音节情态词。例如:

1)"须着"

(318)此两处似欠中间一转语。须着说是形气不同,故性亦少异,始得。(宋《朱子语类》)

(319)如要造百间屋,须着有百间屋基;要造十间屋,须着有十间屋基。(宋《朱子语类》)

(320)后来看熟,见许多说话须着如此做,不如此做自不得。(宋《朱子语类》)

2)"必着"

(321)曰:"失时而后学,必着如此趱补得前许多欠阙处。"(宋《朱子语类》)
(322)曰:"不是说必着如此。但人且要就自身己上省察,若有谄与骄之病,且就这里克治。"(宋《朱子语类》)
(323)"不愤不启",圣人待人自理会,方启发他。空空鄙夫,必着竭两端告之,如何?(宋《朱子语类》)

3)"合着"

(324)如货财也是公共底物事,合使便着使。(宋《朱子语类》)
(325)曰:"初来是知事物合着如此;到知命,却是和个原来都知了。"(宋《朱子语类》)
(326)又云:"言必信,行必果。"言自合着信,行自合着果,何待安排。(宋《朱子语类》)

4)"定着"

(327)须看见定是着如此,不可不如此,自家何故却不如此?(宋《朱子语类》)
(328)亦不是我信得了,便定着去做。(宋《朱子语类》)
(329)若论来如今事体,合从头拆洗,合有决裂做处,自是定着如此。只是自家不曾当这地位,自是要做不得。(宋《朱子语类》)

5)"固着"

(330)看大学,固是着逐句看去。也须先统读传文教熟,方好从头仔细看。(宋《朱子语类》)
(331)凡纤悉细大,固着逐一理会。然更看自家力量了得底如何。(宋《朱子语类》)
(332)先生曰:"此都说得偏了。学固着学,然事亦岂可废也!"(宋《朱子语类》)

6)"管着"

（333）不妨事,管着来回。(元末《朴通事》)

前面例子中的"须着""必着""合着""定着""固着"都表示"应该",例(340)"管着"表示"可以,能够",是动力情态用法。但这个用法是由表动力情态的"管"带来的,"着"的"必要性"情态义虚化了。

4.3.7 "着"语法化的路径、机制和动因分析

1. "着"的语法化路径

"着"在春秋战国时期由"附着/使……附着"义在不同语境中发展出"写作/刻画("著"的写作、刻画义相当于使内容附着于竹简、布帛、铜鼎等处,如"著于丹书""著之简策""著乎竹帛""周鼎着饕餮,有首无身""功名著乎盘盂,铭篆著乎壶鉴"等)""放置""拿着、携带""遭受""使用、用"等义,并在此基础上,演化出不同用法。"着"的演化时间长,用法多样,语法化路径呈树状结构。具体演化路径如图4-3所示。

2. "着"演化机制分析

"着"的演化路径复杂,呈树状结构,我们从各个分支出发,讨论其语法化机制。

1) 附着义动词→处所介词→时间介词

附着义动词演化到处所介词的过程中,起主要作用的是重新分析机制。"V＋着＋处所"原本表示"V"使物体"着"某处,"着"是与"处所"结合在一起的。由于动词宾语的省略或移位,动词与"着"在句法位置上相邻。经过重新分析,"着"与"V"结合,"着"失去了动词的语法地位,转变为处所介词,必须放在动词后。从处所介词到时间介词的演变过程中,起作用的语法化机制是语义隐喻,处所介词进一步演化成时间介词。通过语言中常见的"空间-时间"隐喻,处所介词获得了时间介词的用法。

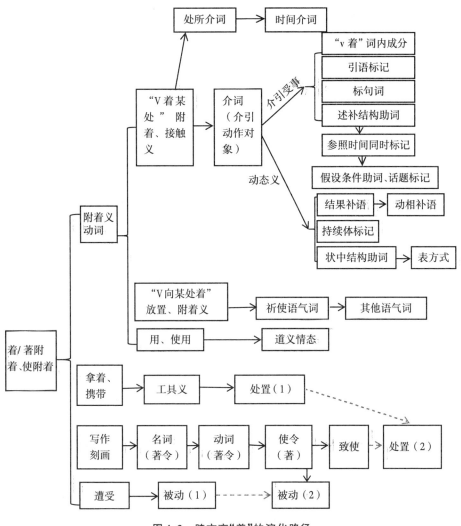

图 4-3 跨方言"着"的演化路径

2)"V着处所"→"V着对象"及其后演化

在"V(+O)+着+处所"结构中的"O"同时具有工具和受事两种解读的情况下,"O"被解读为工具时,"处所"就会被重新分析为受事。"着"由处所动词语法化为介引动作对象的介词是在这种语境下诱发的,过程中使用的语法化机制主要有重新分析和类推。

重新分析发生在第一步。在特定语境下,"处所"被分析为受事,从而得到一个新的语义结构"V+着+受事"。接下来主要起作用的机制是类推,从"处所受事名词"类推到普通受事名词,即"V+着+处所受事"到"V+着+普通受事"。而后,普通动词也可以进入"V+着+受事"结构,形成新的语义结构和表达重点。至此,"着"介引动作对象的演化阶段完成,转变为介引动作对象的介词。

介引动作对象用法在很多汉语方言中仍然存在,并进一步演化为介词"X着"的词内成分。这些都从活的语言的角度证实了"着"的介引动作对象用法的存在。此外,介引动作对象用法是"着"演化的一个关键节点,很多用法都来自其进一步语法化。

介引动作对象用法的句法结构为"V+着+O",当动词为言说义动词(如"说""骂"等)时,"着"特化为引语标记,可以介引直接引语和间接引语;当动词要求有谓词性宾语(如"想""写"等)时,"着"特化为标句词,介引小句。

当"V+着+O"结构后带有另一个动词结构时,形成"V+着+O+S"结构。当S是对宾语O的描写时,可以认为S是O的补充成分,为"V+着+O+C"结构。其中的宾语省略或提前,结构紧缩,"着"与动词结合紧密,成为"(O+)V+着+C"结构,"着"介引动作对象的用法磨损,成为动补结构"V+着+C"的结构助词,意为"V+起来+C",如"看着可好_{看起来很好}"。

"VP+着+S"由于包含两个事件,还有参照时间的解读。前事加"着"之后成为后事的参照时间,"着"为参照时间标记。"VP+着+S"源于"V+着+O+S"("着"为介引动作对象用法)。"V+着+O+S"中的宾语省略或提前,得到"V+着+S"结构,"着"前结构推理得出参照时间义;"V+着+S"中的动词类推到不及物动词,"着"介引动作对象的用法完全磨损,"着"只能理解为参照时间义;"着"的介引动作对象义的用法磨损后,后面没有句法空位,及物动词的宾语直接跟在动词后,形成新的句法结构"V+O+着+S",即"VP+着+S"。至此,"着"表参照时间义的用法具有新的语法意义及句法结构,语法化过程完成。

需要指出的是,"V+着+O+S"中的宾语省略或提前,得到的"V+着+S"结构,当S描写的是宾语时,可有参照时间和动补结构助词两种解读(动补结构助词用法本身与时间也有紧密联系),"V+着+S"(S描写宾语)应是时标记"着"和动补结构助词"着"语法化的一个共同节点,其后在不同分支各自完成演化。

正如本书第二章提到的,汉语中存在"时标记>假设条件助词>话题标记"的演化斜坡。"着"演化出参照时间用法之后,也进入了这个演化斜坡,并演化出假设条件助词和话题标记的用法。

持续体"着"的语法化是学界研究的热点内容。与前人看法不同,本书认为时助词"着"不直接来源于"V＋着＋处所",而是来源于"V＋着＋受事"在特定语境中的演化。

"V＋着＋处所"演化为"V＋着＋受事"结构("着"为介引动作对象用法),"着"表示"接触、到达、附着"的意义由语义隐喻机制投射到了事件中。"着"的"接触,到达,附着,粘附"等义,演化为表示动作落实、实现或达成的意义。在不均质事件中,"着"表现为"达成/实现"义,并在此基础上演化为达成结果补语,并在不同色彩义下有语音的进一步虚化(鄢陵方言中,积极语义语境下为阳平,如"买着了";消极语义语境下读轻声,如"吓着了")。在均质事件中,"着"在达成义的基础上,推理得出达成后结果状态持续义。持续义在特定句法结构中从伴随状态被解读为方式,后类推到其他动词修饰成分,如"程度""目的"等。

此外,西北中原官话中的结构助词"着"(如"V着很")有可能是表"方式/程度"的"着"在不同语序中产生的新的语法意义。当然,这种猜测还需更多证据才能得到证实(也有学者认为结构助词"着"是由于语言接触形成的新用法)。

3) 放置义"着"→语气词"着"

在祈使语气词的形成过程中,句法位置起到了很重要的作用。汉语句尾位置常被解读为位于句法上层,获得管辖全句的语法意义。从"放置"义动词"着"到祈使语气词"着"的演变过程中,起作用的语法化机制是在语境影响下的重新分析。历时语料完整保存了语境诱发的重新识解的三个理想阶段:第一阶段是"V＋向某处＋着",第二阶段是"V＋补语＋着",第三阶段是"VP＋着"。在第一阶段,"V＋向＋某处＋着"的语境中,"向某处"被重新分析为先与动词结合的趋向动补结构,然后与"着"结合。"着"由推理得到祈使义,整个结构具有表处所或祈使两读的可能。第二阶段中,动趋式动补结构类推到其他动补结构(如结果补语等),从而排斥处所义解读。第三阶段,由动补结构类推到一般动词结构,形成新的句法结构"VP＋着",完成了"着"表祈使语气的最终语法化。之后,祈使语气词"着"在具体使用中经过推理,得到了表陈述、强调和疑问语气的意义。

4) 放置、安置、使用义"着"→情态词"着"

在宋代,"着"的道义情态用法突然出现并在古籍语料中迅速消失。虽然中间阶段比较模糊,但现代汉语方言中仍有"着"的情态用例。结合古籍语料及桂北永福官话的语料,我们判断"着"表道义情态的用法应来源于"用、使用"义的动词"着"。然而,很难确定这种用法是由本身的"用、使用"义演化出了道义情态用法,还是受到情态词"用"的类推的影响。"着"与必要性相关,推理到必然性时就有可能获得认识情态义,但古籍用例不多且有两读可能。"着"的认识情态义尚未完成最终演化,但结合情态词"着"本身的特点及世界情态演化的共性[①],认识情态用法应是可以预见的演化方向。

汉语情态词有复合使用的倾向,如"想要""情愿""可能"等,"须着""必着""固着""管着"等。

5) 使役、致使、被动、处置句的演化机制

"着(著)"的本义"附着/使附着",在不同语境下可推理得出不同语义,如"放置""接触""安置、使用""书写"等。春秋时期,"使附着"义的"着"在"著之制令"等语境中,被解读为"写作、刻画"义;后"著"和"令"两个独立的实词词汇化为名词"著令",表示"书面规章制度";该名词用作动词表"命令",宾语为命令内容;后"着(著)"单用,表"命令",宾语为指人名词,句法结构为"着＋N＋VP","着"的使役用法演化成熟,并一直沿用至清代。

此外,"着"的"使役→致使→处置""遭受→被动""使役→容许→被动""拿着(手持义)→工具义→处置"等语法化路径,都是汉语中常见的演化模式。演化过程中用到的语法化机制包括结构的重新分析、类推以及语用的推理机制。

例如,在使役句"N1＋着＋N2＋VP"中,VP从动作动词类推到结果义动词或描述状态的谓词,主要描述N2产生的变化,整个句子表现为致使义。

在致使义"N1＋着＋N2＋VP"中,N2是VP的施事或与事。当N1的语义角色由命令发出者被分析为施事时,N2成为受事,语义结构变成"施事＋着＋受事＋VP",之后VP由结果义或描述状态的谓词又一次类推到普通动词,完成处置式的演化。

遭受义"着＋N"可以解读为"沾染N,或遭受N",如"着病""着风""着贼"。当"着＋N"后带有动词性成分时,即构成"着＋N＋VP"结构时,"N"是"着"的宾语,同时也是"VP"的施事。"着"的遭受义经由语用推理得出被动义,一般由遭受义语法化得到的被动句含有消极色彩。

此外,方言中还存在不包含消极色彩的被动句,可能源于遭受义被动句的演化,也有可能源于"使役/容许"句的演化(两种演化路径都有合理解释,且语言是一个复杂适应系统,演化过程中起作用的影响因素并不是单一的,很有可能是多种因素相互影响的结果,我们不能因一种路径的合理性而排除另一种路径的可能

---

① 世界情态演化具有"动力情态→道义情态→认识情态"演化的共性。

性,所以我们在此将两种可能性并列讨论)。"使役/容许"句的句法结构为"N1+着+N2+VP",其中"N1"是命令发出者,若"N1+着+N2+VP"中"VP"的宾语是"N1",且由于语义限制或其他原因不能解读为命令发出者时,"N1"被重新分析为受事,产生被动义。随后,"N1"由高生命名词类推到普通名词(包括低生命名词,由于低生命名词无法发出命令,故排斥使役义解读),"着"字被动句完成演化。

"拿着(手持义)→工具义→处置"也是比较典型的语境诱发的重新识解(重新分析)的例子。首先,"拿着(手持义)"的"着N"带其他谓词结构形成连动式"着+N,以VP","N"经过重新分析由"着"的受事变为工具义,连动结构紧缩为"着+N+VP"。随后,工具"N"被重新分析为"V"的受事,"着+N+VP"就具有了处置义解读。这一过程经历了两次重新分析,第一次是将"N"从"着"的受事重新分析为工具,第二次是将"N"从工具重新分析为"V"的受事。此外,汉语也有其他"手持义"的词语法化为表处置的例子,如"把"也经历了类似演化。

3. "着"的语法化动因

"着"的语法化的主要动因是语境诱发的重新识解,是语言内部发展规律导致的演化。敏春芳、杜冰心(2020)认为,语言接触是引发甘青河湟方言中"着"表时间顺序、假设、衔接、界限等逻辑关系的主要原因。然而,"着"表时间、假设等用法不仅见于多民族聚居地带,山东临沂(武玉丽、王坤,2009)、山西洪洞(乔全生,1989a)、山西芮城(吕佳,2016)、陕西神木(邢向东,1997)、宁夏中宁(李倩,1997)等地都有"着"表参照时间、假设条件助词的用法。通过对历时语料的研究,我们也可以推出"着"表时间参照的演化路径。此外,汉语中与时间参照有关的"时""后(呵)""了/liao^{21}/""着"都有"表参照时间→表假设条件→表话题标记"的演化,因此我们可以确定,"着"表时间、条件、话题都是自身的演化潜势导致的,与语言接触无关。

语言的演化最重要的推动力还是内源性的,如果有大量的语言事实证明某种用法可以由"着"的本身用法推导出来,那么我们就不能称它是由语言接触导致的(可能语言接触也会有影响,但这个影响是速度方面的,而不是演化方向上的)。只有在历时和共时语料无法解释某种功能的出现时,才要考虑是否是语言接触带来的影响。

在甘肃和青海方言中,"着"被用作结构助词。如上文所述,甘肃通渭(苏建军,2010)、青海西宁(《西宁方言词典》)、甘青河湟(敏春芳、杜冰心,2020)等地的方言,都有"着"作为结构助词的用法,用于"V+着+补充成分(结果或程度或其他补足成分)",相当于普通话的"得"。从"着"的演化路径来看,表"方式/程度"的"着"与之有联系,但语序不同。在西北方言中,表程度常用"V+得+程度"结构,历时语料中的"十分着VP"在语序调整后,"着"可以位于动词和程度表达之间。然而,目前尚无更多历时语料可以证明这一演化过程。敏春芳、杜冰心(2020)认为,这种用法(包括"着"表时间关系和逻辑关系的用法)是在语言接触下受阿尔泰语系的副动词影响的产物。他们提到,甘青河湟区域的东乡语、土族语、保安语和东部裕固语的并列副动词除了连接两个动词外,还可以将动词和后面的形容词连接在一起。例如:

(334)东乡语:ene budag ijie-zhi ndutuno wo. (这饭吃得很香。)(敏春芳、杜冰心[2020]用例)

这 饭 吃 副动词 香 完成体

今语直译:这饭吃着香。

(335)土族语:ɕinidzə mauna. (笑得厉害。)(敏春芳、杜冰心[2020]用例)

笑 副动词 厉害

今语直译:笑着厉害。

(336)土族语:pudzg surdzə saina. (学得好。)(敏春芳、杜冰心[2020]用例)

学习 副动词 好

今语直译:学着好。

(337)保安语:bŭ ɕine-dzi ɕine-dzi kiələ et ətɕ. (我笑得肚子疼。)(敏春芳、杜冰心[2020]用例)

我 笑 并列副动词 笑 并列副动词 肚子 疼

今语直译:我笑着笑着肚子疼。

(338)东部裕固语:ene moorə jawə-dʒə turɤen bai. (这匹马跑得快。)(敏春芳、杜冰心[2020]用例)

这 马 跑 副动词 快 完成体

今语直译:这匹马跑着快。

"着"的结构助词用法与这些语言中的副动词一致,很可能是在阿尔泰语系的影响下产生的。值得注意的是,并不是所有阿尔泰语系语言都有这种用法(例如,蒙古语的并列副动词就没有这种用法)。还很难说究竟是阿尔泰语系影响了西北方言,使其产生了"着"的结构助词用法,还是由于语序的原因,西北方言中表程度的"着"位于动词和补足语之间,进而形成了类似"得"的用法,并随后对周边其他语言产生了影响。

这一区域的语言接触十分频繁,我们也承认确实有语言接触的现象。但对于"时间参照→假设条件→话题标记"这样符合认知规律的演化斜坡,以及汉语中大量类似的演化现象,我们认为不能简单地将其归因于语言接触。语言接触对语言演化的影响主要在于改变演化的速度,而不是改变演化方向(尽管语言复制和借用现象存在,但它们不是演化的主流)。

4.4 小结

中原官话的"着"演化时间长,意义丰富,用法多样,呈树状演化。

作处所介词和时间介词的"着"源于"附着、接触"义的动词"着",是在"V+着+处所"结构中,虚化而来的。

"着"的介引动作对象用法是其演化的一个关键节点,方言中的很多变体都由其演化而来。"引语标记""标句词""结构助词"(相当于"起来")"时标记""动态助词"等用法都来自介引动作对象用法的演化。

"着"在"使用、用"义动词的基础上演化出了表情态的用法。

放置义动词"着"在句尾位置演化出了表祈使语气的用法,后经语用推理,也可表达其他语气。句法位置在演化过程中起到了重要作用。关于句法位置对演化的影响,下章还会谈到。

至于"着"表致使的范畴,包括使役、容许、致使、处置、被动等义的演化,则是在其他分支完成的。使役用法来自"写作"义"着"的语法化。"处置"和"被动"的演化比较复杂,都有双重来源(两种可能路径)。"着"的"拿着、携带"义可能经由工具义,演化出表处置的用法;使役义也可能经由致使义,经过重新分析和类推后演化出表处置的用法。"着"的从遭受义到被动义的演化在历时语料中有清晰的证据,但从"使役/容许"到"被动"的演化也是可能路径,且这种路径可以更好地解释某些汉语方言中为什么有些"着"字被动句不表消极意义。"着"表致使范畴的各用法读音一致,很容易相互影响。"着"后期用法的发展不是单一来源的演变,是在具有相同读音、不同语法意义的群组中完成的。换句话说,这种演变是在复杂适应系统发生的多因素导致的演化,处于共时层面的多个具有相同读音的亲缘变体在相互影响中进入下一步演化过程。

通过"了"和"着"的演化过程,我们可以看到句法位置对语法化的影响。在下一章,我们将从中原官话动词变韵出发,讨论句法位置对语法意义表达的影响,以及它们对语言演化的意义。

第五章 变韵形式表时体——兼探讨"来源决定论"及句法位置对语言演化的影响

学界普遍认为,汉语缺少形态变化,仅有少量词缀或词尾可以被视为形态(关于形态的定义,学者们各有见解,在此我们指的是用词形变化的方式表示语法意义,在这个意义上,学界认为汉语缺少形态变化)。然而,在中原官话中,不仅有构词词缀和构形词尾,还有用名词和动词的屈折形式(名词变韵和D变韵)来表达小称、方位、时体、语气、逻辑关系等语法意义的现象。

本章将简要介绍与时体有关的中原官话动词变韵现象,并进一步将之与"了""着"等用法比较,以探讨"来源决定论"在汉语时体演化中的适用性问题[①]。

5.1 中原官话的D变韵

D变韵包括小地名变韵和动词变韵(同一方言的小地名变韵和动词变韵往往具有相同的变韵规则,所以合称D变韵),是用改变基本韵读音的方式来附加语法意义的现象。D变韵现象在全国性方言普查时被发现,主要分布于河南省中部和北部(后来山东博山、河北威县等地也发现了D变韵现象),由贺巍(1965)在研究河南省获嘉方言时首次报道。随后在郑州荥阳(王森,1998)、长葛(赵清治,1998)、浚县(辛永芬,2006)、郾城(张慧丽,2011)、内黄(李学军,2015)等地都发现了成系统的D变韵。

5.1.1 D变韵的语音对应

D变韵具有成系统的语音变化规律,我们以荥阳、长葛、浚县等地为例简要介

[①] "来源决定论"又称"来源决定假设",是Bybee及其同事在研究世界语言的时、体、情态的演化的基础上提出的一种重要的语法化假设。

绍一下 D 变韵与基本韵成系统的语音对应，以便读者有一个直观的印象。

① 郑州荥阳广武方言（王森，1998）的动词变韵与基本韵的语音对应（括号内为基本韵）：

ɛ(ɯ ai ei an ən)　　　　ɔ(au ou aŋ əŋ ʅ₂)　　　　ɤ(ʅ₁)
iɛ(i ian in)　　　　　　　iɔ(iau iou iaŋ iŋ)　　　　ia(i₂ yɛ)
uɛ(uai uei uan un)　　　uɔ(uaŋ uŋ)　　　uɤ(u)　　ua(u₂)
yɛ(y yan yn ian₂)　　　　yɔ(yŋ)　　　　　　　　　ya(y₂)

② 长葛方言（赵清治，1998）的动词变韵与基本韵的语音对应（括号内为基本韵）：

ʅə(ʅ)

ɿə(ɿ)

ɛ(ai əi an ən)　　　iɛ(i iai ian iən)　　uɛ(uai uəi uan uən)　　y(y yan yən)
ɔ(au əu uɛ aŋ oŋ)　iɔ(iau uei iaŋ iəŋ)　uɔ(u uaŋ uoŋ)　　　　yɔ(yoŋ)

③ 河南浚县方言（辛永芬，2006）动词变韵与基本韵的语音对应（括号内为基本韵）：

ʅə(ʅ)

ɿə(ɿ ʅə)　　　　　　　　　　　　　ɥə(ɥ ɥə)
a(a)　　　　　　ia(ia)　　　　　　ua(ua)
ə(ə)　　　　　　　　　　　　　　　uə(u uə)　　　　　yə(yə)　　ər(ər)
o(au ou əŋ)　　　io(iau iou iəŋ)　　uo(uən)　　　　　yo(yəŋ)
ɛ(ɛ ai ei ən)　　 iɛ(i iɛ in)　　　　uɛ(uɛ uai uei uən)　yɛ(y yɛ yən)
æ(an)　　　　　iæ(ian)　　　　　　uæ(uan)　　　　　yæ(yan)
æŋ(aŋ)　　　　iæŋ(iaŋ)　　　　　　uæŋ(uaŋ)

关于中原官话中其他方言 D 变韵语音对应规律的研究也有很多，在此暂举以上三种为例。从这些成系统的语音对应中可以看出，河南方言中的 D 变韵语音形式只与基本韵的韵母有关，与分布条件和语法功能无关（尽管在某些方言中，如郑州荥阳方言中，存在少量因功能不同导致不同变韵的例子，但总的来说，动词变韵后的读音大多只与基本韵有关，而与分布和功能无关）。D 变韵的来源问题尚无定论，较多观点认为是来源于动词与其他语法形式的合音，可能是动词与某一语法形式的合音,也可能是动词分别与多个不同语法形式的合音。D变韵是一个比较复杂的音变现象,但不管来源如何,它在语言内部已经形成了一个整体,具有统一的语音对应规律,变韵规则作为一个整体规则被儿童习得,不应再被视为数个语法形式的混合体。在接下来的讨论中,我们将把D变韵视为一个完整的语法形式来考察。

根据前人研究,D变韵的分布与动词后接成分关系紧密(后接成分的性质会影响能否变韵),其句法位置在动词与后接成分之间,即"V+D变韵+后接成分"。D变韵所代表的语法意义随着语音弱化附加在了动词上,形成"V^D+空位+后接成分"结构。D变韵的诸多语法功能可以看作"V^D+空位+后接成分"结构中"空位"的语法功能。D变韵的语法功能大多与时体、处所、方式、动补结构助词等相关,与"了""着"等的用法有很大的相似性。接下来,我们将简要介绍D变韵的分布条件和语法功能。

5.1.2 D变韵的分布条件与语法功能

根据前人研究,D变韵的功能主要与处所、时间(时间可以理解为抽象的处所)、体意义、结果补语、动补结构、祈使语气等有关。张慧丽、潘海华(2019)认为,不应该从时体,而应该从事件结构本身的"有界/无界"来讨论动词变韵的分布。他们认为,"V^D+后接成分"[①]如果有界,则动词变韵;若无界,则动词不变韵。有界性是动词变韵的必要条件,后加数量成分、处所词/趋向词、动词重叠等都是使动词短语有界化的手段。

需要指出的是,依据现有语料,我们可以很明显看出有界事件并不是动词变韵出现的必要条件。有些事件的有界不是事件本身的特点,而是动词变韵带来的;有些事件即使加了动词变韵也无法变为有界事件。例如:

(1)a.你听的/li/啥? b.你听^{D}的啥?(张慧丽、潘海华[2019]用例)
(2)a.我买菜。 b.我买^{D}菜。(获嘉方言,贺巍[1989]用例)
(3)羊毛出^{D}羊身上。(荥阳方言,王森[1998]用例)
(4)衣裳露^{D}肉儿了,缝缝吧。(荥阳方言,王森[1998]用例)

---

① 学界一般用上标D("^{D}")表示D变韵,用上标Z("^{Z}")表示Z变韵。

例(1)a句表示正在进行("正在进行"是典型的无界事件),b句表示已经听完(有界事件)①。二者的区别仅在于动词是否变韵。也就是说,不是事件有界则动词变韵,而是动词变韵后变为有界事件。例(2)也是这种情况,a句中基本韵的"买菜"没有时量/动量/数量限定,也是一个无界事件,b句"买"变韵后表示过去已然,给"买菜"加入了时间限制,变为有界事件。例(3)是一句谚语"羊毛出在羊身上",也不是有界事件。例(4)类似,"露肉儿"也没有时量/动量/数量限制,不是有界事件,而即使加了动词变韵后,也仍然是无界事件(整句表示已然,但表现的是"实现并持续"义,没有终点,是无界事件)。在这些例句中,没有发生动词变韵的事件均为无界事件,而发生变韵后,有的变为有界,有的仍不能看作有界事件。

至于张慧丽、潘海华(2019)的用例"我牵ᴅ马来了。",也不是像他们所认为的:"牵ᴅ马"中的"马"是指"某一特定的马",所以有界。根据贺巍(1989)的研究,"我牵ᴅ马来了"中的"牵"读本韵时,表示目的,即"我来牵马了";读变韵表示方式,即"我牵着马来了"。"我牵着马"即使改为"我牵着那匹马(某一特定的马)",也是无界事件。

从以上分析我们可以看出,事件有界并不是动词变韵出现的必要条件。

目前,已知最详细且用法最多的D变韵语料来自贺巍先生对河南获嘉方言的调查。我们以贺巍(1989)整理的D变韵语料为基础,参考河南浚县、淇县、荥阳、郾城、长葛等地的变韵现象,将D变韵按语法功能大致划分为以下几类。

1. 表处所

D变韵表处所的情况可分为三类。

第一种情况是小地名变韵,这种现象在河南省非常普遍,几乎各地都有小地名变韵。小地名指村庄乡镇名,比如"望田(镇)"②读/waŋ³¹tʰie²¹/,"郭刘(村)"③读/kuo³¹liə⁵²/,其中的"田""刘"出现了变韵,与表示"农田/tʰian⁵²/"和姓氏"刘/liou⁵²/"时的读音不同。

第二种情况是普通名词变韵表处所。在获嘉方言(贺巍,1989)中,一般名词逢"i、ai、uai、au、iau、an、ian、uan、yan、aŋ、iaŋ、uaŋ"十二个基本韵母时,可用"Nᴅ"表达处所义。例如:

---

① 这样的例子还有很多,比如获嘉方言(贺巍,1989)中,"我买葱。"是未然,"我买ᴅ葱。"是已然。"买葱"这个VP不具有时量动量或其他限制,如果没有动词变韵,也是一个无界事件。

② 位于河南省鄢陵县南部。

③ 属于河南省鄢陵县只乐镇。

第五章　变韵形式表时体——兼探讨"来源决定论"及句法位置对语言演化的影响

(5)a.一亩地　　b.书掉^{D}地了(获嘉方言,贺巍[1989]用例)
(6)a.一座桥　　b.他在桥^{D}里头的(获嘉方言,贺巍[1989]用例)
(7)a.腰疼　　　b.烟袋在腰^{D}的(获嘉方言,贺巍[1989]用例)
(8)a.一座山　　b.他去山^{D}了(获嘉方言,贺巍[1989]用例)

例(5)a句中的"地"读基本韵,表示"土地,农田";b句读变韵,表示处所"地上"。例(6)a句中"桥"读基本韵,表示"桥梁"这一物体;b句读变韵,表示处所。例(7)a句中的"腰"读基本韵,表示身体部位;b句读变韵,表示位置。例(8)a句中的"山"读基本韵,表示"山"这一物体;b句读变韵,只能表处所。以上这几个例子中,a句名词读基本韵,是表示物体的普通名词;b句通过变韵形式表达处所义。D变韵后的处所词只能用作主语和宾语(包括介宾结构的宾语),不用作修饰语。做主语时,必须后附"里头""上"一类的方位词;做宾语时,可带也可不带方位词(贺巍,1989)。

第三种情况是动词变韵,后接处所词形成"V^D+处所词"结构,"处所词"为事件的终点(辛永芬[2006]认为,动词变韵在这种情况下是终点格标记,浚县方言在表达动作行为的终止点时必须使用动词变韵形式)。否定形式需要将"不"放在动词和处所之间。例如:

(9)我走^{D}哪儿,他跟^{D}哪儿。(荥阳方言,王森[1998]用例)
(10)给他送^{D}火车站了。(浚县方言,辛永芬[2006]用例)
(11)马你拴^{D}树上吧。(获嘉方言,贺巍[1989]用例)
(12)饭吃^{D}不嘴里头。(荥阳方言,王森[1998]用例)

例(9)—(11)是肯定形式,例(12)是否定形式。例(9)意为"我走到哪儿,他跟到哪儿。",表述的是一种普遍现象,无关已然未然。例(10)"给他送到火车站了。"是已然事件,但这个"已然"义是句尾的"了"带来的,而不是动词变韵带来的,所以这里的动词变韵也仅表终点处所。例(11)"马你拴^{D}树上吧。"意为"马你拴到树上吧",是未然句,动词变韵表终点处所。例(12)意为"饭吃不到嘴里头。","嘴里头"也是"吃饭"的终点。从这些例子可以看出,这些动词变韵的语法功能只是介引终点处所,与已然未然无关。

浚县方言(辛永芬,2006)中,动词变韵介引处所的用法还可以用在处置义的

句子中,形成"V^D+代词+处所"结构。例如:

(13)再闹人都关^{D}他黑屋里。(浚县方言,辛永芬[2006]用例)
(14)我送^{D}他招待所了。(浚县方言,辛永芬[2006]用例)
(15)那个猫我拴^{D}它桌^{Z}腿上了。(浚县方言,辛永芬[2006]用例)

前文我们提过,D变韵后接处所时,否定形式是将"不"放在动词和处所之间。否定词否定的是"V^D+D变韵空位+后接成分"整个结构。由于D变韵语音弱化,它以屈折形式附加在动词语音上,因此句法结构表现为"V^D+不+处所"。否定词有两个可能的位置:"V^D+不+D变韵空位+处所"和"V^D+D变韵空位+不+处所"。根据汉语语法规则,否定词很少直接与处所名词组合,因此b的句法结构不自然。由于D变韵的分布和功能与其后接成分直接相关,二者联系紧密,所以前一结构更符合语言规律和语言事实。也就是说,"V^D+不+处所"的句法结构其实是"V^D+不+D变韵空位+处所"。

相应地,在浚县方言的处置句中,如例(13)—(15),"V^D+代+处所"结构其实是"V^D+代词宾语+D变韵空位+处所词"。也就是说,这些处置句中的动词变韵的语义仍指向处所词,在此表终点处所①。

2. 表时间(抽象处所)

动词变韵后也可接时间名词,相当于抽象的处所,与"V^D+处所词"功能一样。例如:

(16)会改^{D}明个了。_{会改到明天了。}(浚县方言,辛永芬[2006]用例)
(17)等^{D}天黑再走吧。_{等到天黑再走吧。}(浚县方言,辛永芬[2006]用例)
(18)这活儿到^{D}不六点斗干完了。_{这活儿到不了六点就干完了。}(浚县方言,辛永芬[2006]用例)
(19)生日赶^{D}清明儿。_{生日赶到清明儿。}(郾城方言,张慧丽、潘海华[2019]用例)

这些时间词是动作行为的时间终点(而不是动词的时间参照),相当于抽象的

---

① 辛老师给出的这些例子有表已然的,也有表未然的。D变韵的空位在代词与处所词之间,主要起到介引终点处所的作用。同时,我们在第四章讨论"着"的演化时也提到过,"到达终点处所"有向事件"达成/实现"隐喻的倾向,所以这些处置句中的D变韵也含有"(未然)达成/(已然)实现"的意味。

终点(处所)。这里主要是通过空间终点隐喻得到的时间终点进入"V^D+处所词"结构,从而使动词变韵可以用来介引时间成分。

3. 表已然实现(已然)

有动词变韵的方言大都有动词变韵表已然的现象,且动词变韵表已然的句法形式也最多样(与动词变韵的其他功能相比,已然用法的分布更广,适用的句法结构更多样)。下面,我们依据表已然的动词变韵的句法位置,将其分为"谓语位置动词变韵""主语位置动词变韵"和"宾语位置动词变韵"。除非额外说明,本节涉及的动词变韵语料均为贺巍(1989)调查记录的获嘉方言用例。

1)谓语位置动词变韵

这类动词变韵与后接成分一起充当句子的谓语。结合前人研究,根据后接成分不同,又可将谓语位置动词变韵分为"V^D+光杆名词(+"的/了"等)""V^D+数量/动量/时量结构(+了)"两种情况。例如:

(20)你看^{D}啥?我看^{D}电影。
(21)你量^{D}啥?我量^{D}大米。
(22)他买^{D}菜的,咱不买了。
(23)他栽^{D}黄瓜的,我知道。
(24)他买^{D}牲口了。
(25)井上安^{D}水车了。
(26)一天织^{D}一丈布。
(27)我去^{D}两趟,他去^{D}一趟。
(28)这玉蜀黍晒^{D}一天了。

例(20)(21)是光杆名词作宾语,例(22)(23)是光杆名词后带虚词"的",例(24)(25)是光杆名词后带"了",例(26)是加数量名结构,例(27)是后接动量结构,例(28)是后接时量结构。

例(20)动词变韵表已然。若用基本韵"你看啥?我看电影。"意思是说"你要看什么?我要看电影",动词变韵后表示说话人询问的是已经发生的事情,"你看^{D}啥"表示"你看的什么?/你看了什么?"。例(21)也是这样。若用基本韵"我量大米。",表示将要做的事情,即"我(去/要)量大米",用动词变韵表示已经发生的事实。获嘉方言中,例(22)(23)中的"的"表语气或表示正在进行。如果用基本韵

"他买菜的。"表示动作正在进行("的"表进行);用动词变韵"他买^{D}菜的。",表示已然事件,"的"表示强调有这么回事。例(24)(25)中,动词变韵不表处所/时间或其他,只与事件的体意义相关,表已然实现,相当于"到/了/上"(句尾的"了"在此是完成体作用,动词变韵相当于表示过去事件的完整体用法,二者都可以表已然实现,不冲突)。例(26)—(28)是带数量/动量/时量结构的情况,表已然,这种情况较常见(分布较广),可以变韵的基本韵数量也最多。

2) 主语位置动词变韵

主语位置的动词变韵分四种情况:①"V^D+的(+N)+VP";②作"是"字句的主语,"V^D+的(+是)+NP";③作"有"字句的主语,"V^D+有+NP";④作同位主语,"V^D+指示代词(+量)+N+VP"。各小类举例如下。

① V^D+的(+N)+VP。

(29) 谁栽^{D}的行儿直? 他栽^{D}的行儿直。(名词可以省略,直接说"他栽^{D}的直。")

(30) 你淘^{D}的麦^{Z}磨了没有?

(31) 他弹^{D}的花拿来了。

② V^D+的(+是)+NP。

(32) 他端^{D}的(是)啥?

(33) 席^{Z}上晒^{D}的(是)啥?

(34) 我选^{D}的(是)老王。

③ V^D+有+NP。

(35) 他买^{D}有酱油没有?

(36) 他薅^{D}有两篮^{Z}没有?

(37) 他栽^{D}有黄瓜。

④ V^D+指示代词(+量)+N+VP。

(38) 他量^{D}这麦^{Z}有三百斤。

(39) 他钓^{D}那个鱼儿有三斤。

(40) 他灌^{D}那油够吃一月喽。

在①类中,名词可以省略,直接用"V^{D}的"来充当主语。动词变韵表已然,不变韵(基本韵形式)表未然。如例(29)用动词变韵表示已经栽过了,询问的是已经栽过的"行儿"哪个直。如果是基本韵,则是表示说话时还没有栽。例(30)(31)也是转指已然事件涉及的对象。

在②类中,系动词"是"可以省略,直接说"V^D的啥？""选^{D}的老王。"例(32)—(34)动词变韵加"的"转指名词。

在③类中,通过正反问更容易看出"V^D"直接作为主语使用。例(35)意为"他买的东西里有没有酱油？","买^D"转指"买了的东西"。例(36)"薅^D"转指"薅了的(草或菜)"。

在④类中,动词变韵与其后的"指示代词+名词"结构组成同位主语。如例(38)"他量^{D}这麦^{Z}有三百斤。","他量^D"和"这麦^Z"是同位主语。这个小类与①类的区别在于,①类直接用动词变韵来修饰无定名词,而④类中的名词结构有指示代词表定指,动词变韵与其后的有定名词结构的关系是同位关系。

3) 宾语位置动词变韵

(41)那是我买^{D}的。
(42)那个车是他装^{D}的。
(43)这线是他给我纺^{D}唻。
(44)牲口不是我拴^{D}唻。

动词变韵用在宾语结构中,后面有跟"的"和"唻"两种情况。与基本韵句子相比,动词变韵后均表已然,转指已然事件涉及的对象。例(41)"那是我买^{D}的"与基本韵相比,"买"这个事件已然发生,意为"那是我买(来/了/到)的"。例(42)意为"那个车是他装(好)的"。例(43)意为"线已经纺好了"。例(44)意为"牲口已经在那里拴着了,只是不是我拴上的"。这些例子均表已然实现。

4. 表持续或存在(实现以后的持续或存在)

在获嘉方言中,动词变韵表持续或存在,该用法是表已然实现的功能与静态动词结合后经推理产生的,表示已然实现之后的持续与存在。例如：

(45)墙上粘^{D}画儿的。(画儿在墙上粘^{D}的。)
(46)床^{D}上躺^{D}病人的。(病人在床^{D}上躺^{D}的。)
(47)桌^{Z}上放^{D}啥？桌^{Z}上放^{D}书。
(48)桶里头装^{D}啥？桶里头装^{D}油。

例(45)(46)句尾带有表强调语气或正在进行的语气词"的",动词变韵表示事件已然实现后状态的持续/存在。例(47)有两种解读:"桌子上放了书了"或"桌子上放着书",既可以解读为过去事件(不关注状态是否持续),也可以理解为过去事件持续到现在。例(48)也表示已然事件,只是当"装"理解为状态动词(静态)时,可分析为"装着油"(如果理解为动态动词"装",则只表已然)。从这些例句可以看出,动词变韵表持续或存在的用法,是其表已然的用法与静态动词结合时,经推理得出的新语义。

同样,浚县方言(辛永芬,2006)中动词变韵表持续的用法也是在表已然的基础上产生的。例如:

(49)他搬^{D}一个椅^Z。他搬了一把椅子/他搬着一把椅子。(浚县方言,辛永芬[2006]用例)

(50)他担^{D}一挑^{Z}水。他担了一担水/他担着一担水。(浚县方言,辛永芬[2006]用例)

(51)仨人盖^{D}一条盖底。三个人盖了一条被子/三个人盖着一条被子。(浚县方言,辛永芬[2006]用例)

这些例句中,只有当动词理解为静态动词时,动词变韵才表现为持续义。动词变韵表持续/存在的用法,是其表已然实现的功能与静态动词结合时,经语用推理得出的新语义。

5. 表达成(未然,虚拟实现)

动词变韵表已然实现是分布较广的用法。另外,也有不少动词变韵表未然达成的现象(未然达成也可以视为一种虚拟的实现。考虑到已然和未然的对立,我们把已然的实现记为"已然实现",未然的实现/虚拟实现记为"达成")。例如:

(52)这个筐^{Z}是谁抬的? 快^{D}抬^{D}走吧。

例(52)前面问句用基本韵询问谁来抬这个筐子,可知"抬筐子"这个事件是未然。后面"抬^{D}走吧"也是未然,动词变韵在此表示达成"抬了走吧"。

这种未然达成用法经常用在带有处置义、表建议或命令的祈使句中(如果动词后有表示达成的"喽",则只能用基本韵)。例如:

(53)你饶^{D}他吧,他错了。(你饶喽他吧,他错了。)

(54)你要^D这个马吧。(你要喽这个马吧。)
(55)你把这棵^Z树砍^D它吧。(你把这棵^Z树砍喽它吧。)
(56)你给他舀^D点儿饭。
(57)咱也买^D点儿菜吧。①

例(53)—(57)表示祈使或建议,都是未然句,动词变韵在这里主要表未然达成。这种用法还可以用在假设条件句前句中,表示"在达成p的条件下,q"。如果不用动词变韵,基本韵后要加"咯"。例如:

(58)a.安咯水车,就去浇地。　　b.安^D水泵,就去浇地。
(59)a.你见咯他喽,就说我来了。　b.你见^D他喽,就说我来了。
(60)a.买咯菜,就吃扁食。　　　b.买^D菜,就吃扁食。

上述例句中,a句均为基本韵,须在动词后加"咯",b句均为动词变韵表达成义(虚拟实现)。

此外,根据张慧丽、潘海华(2019)的研究,荥阳方言和淇县方言中有动词变韵后作结果补语的用法。例如:

(61)白叫他瞧见^D。(荥阳方言,张慧丽、潘海华[2019]用例)
(62)弄掉^D没人拾。(淇县方言,张慧丽、潘海华[2019]用例)

这种现象应与动词变韵表未然达成的功能相关,相当于"别让他瞧见了""弄掉了没人拾"。

以上表已然实现、未然达成、实现后结果状态持续三种功能都与动词变韵表"实现/达成"义相关,是"实现/达成"义在已然句、未然句,和静态动词句中产生的不同功能解读(语用推理),可以统一认为是一种用法,也可以分列。

6.表祈使

动词变韵表祈使的句法结构为"V^D(+O)+些儿",宾语可带可不带。例如:

(63)你看^D他些儿,休叫他跑喽。

---

① 贺巍(1989)还提到,这类句子中的"点儿"前不能带数词"一",具体情况和原因尚待进一步考察。

(64)他瞌睡大,你勤喊ᴰ他些儿。
(65)他好说话,你管ᴰ他些儿。
(66)你防ᴰ他些儿,他可不好惹。

这些句子都是祈使句,相当于"你看着他些儿""你勤喊着他些儿"等。宾语可以省略,"你防ᴰ他些儿"可以直接说"你防ᴰ些儿。",相当于"你防着些儿。"动词变韵与"些儿"结合使用,使句子成为祈使句。

7. 表方式

连动句"VP1+VP2"中,当"VP1"中的宾语是数量结构时,动词变韵表示已然。例如:

(67)你骑个马跑吧。
(68)你担个箩头往地吧。
(69)你赶一辆车来吧。
(70)他担ᴰ一担水来了。
(71)他骑ᴰ一匹马跑了。
(72)他套ᴰ两辆车往城里头了。

这些例子中,VP1的宾语都是数量结构,"VP1+VP2"解读为连动结构。例(67)—(69)用基本韵表未然,例(70)—(72)用动词变韵表已然,与谓语位置动词变韵用法一致。

而当"VP1+VP2"中VP1的宾语是光杆名词时,就更容易被解读为方式或目的。例如:

(73)你端碗去吧。
(74)你端ᴰ碗去吧。

这两个例子均为未然,基本韵表目的,变韵表方式,形成对立。例(73)中的"端"用基本韵表目的,即"你去端碗吧"。例(74)的动词变韵,表示"你端着碗去吧","端"表方式。"VP1+VP2"中前一个动词变韵表方式的用例还有很多。例如:

(75)他赶ᴰ车来拉煤呀。

(76)你蹚ᴰ水走吧。
(77)他牵ᴰ马去地了。
(78)他骑ᴰ车儿跑了。

这些例子与例(70)—(72)最大的不同在于,例(70)—(72)中VP1的宾语是数量结构,VP1是独立于VP2的事件。"他骑ᴰ一匹马跑了。"中有两个事件:"骑了一匹马/骑上一匹马"和"跑了"。"他套ᴰ两辆车往城里头了。"中也有两个事件:"他套了两辆车"和"他往城里头了",VP1和VP2形成连动结构。而例(75)—(78)中VP1的宾语是光杆名词,这些例子中的VP1不是独立事件,而是作为方式修饰VP2。例(75)"他赶ᴰ车来拉煤呀"并非具有先后顺序的两件事:"他赶了车,然后来拉煤",而是"他赶着车来拉煤",其中"赶ᴰ车"修饰"来拉煤",是"来拉煤"的方式。同理,例(76)中的"蹚ᴰ水"和"走"也并非两个独立的事件,而是前者作为"走"的方式。例(77)中的"牵ᴰ马"是"去地"的方式,二者并非具有先后顺序的两个事件。例(78)也是如此。

连动句中VP1的宾语是数量结构时,动词变韵可以理解为表已然,同时也有解读为方式的可能性。而当VP1的宾语是光杆名词时,动词变韵表方式,此时动词变韵具有区分方式和目的的作用(与基本韵形式形成对立)。动词变韵表方式的用法是表实现/达成(包括已然和未然)的用法在特定语境中进一步的语法化。

8. 后接原因/目的成分

获嘉方言(贺巍,1989)中,"想、慌、等、放"等四个动词变韵可以后接表示原因/目的的成分(后接成分多带"的"字)。例如:

(79)吃罢饭就想ᴰ跑的。
(80)他慌ᴰ去看耍把戏的。
(81)他等ᴰ跟你去的。
(82)这个桌ᶻ放ᴰ他放书的。
(83)那块儿木头放ᴰ做床的。

这几个例子中,动词变韵相当于"着",例(79)意为"吃罢饭就想着跑";例(80)意为"他慌着去看耍把戏呢";例(81)意为"他等着跟你去呢";例(82)意为"这个桌子放着用来给他放书的";例(83)意为"那块儿木头放着用来做床"。

9. 动词变韵后接结果义成分

获嘉方言(贺巍,1989)中的动词变韵还可后接与结果义相关的成分。例如:

(84)你栽葱栽^{D}叫快^{D}些儿。
(85)这块儿布你染^{D}叫深些儿。
(86)葱长^{D}叫大些儿再薅。

这三个例子是"V^D＋叫＋形容词(有些基本韵也有D变韵形式)＋些儿"结构的用例,意思是"V＋得＋叫＋形容词＋些儿",如例(84)意为"你栽葱栽得叫快些儿"。贺巍(1989)曾认为这里的"叫"起到动补结构助词的作用,但考察河南方言中"叫"的用例,同时结合获嘉方言中其他几种动词变韵直接带结果补语、不需要结构助词的情况,我们认为这里的"叫"主要还是致使范畴用法。动词变韵留下的句法空位占据了动补结构助词的位置,所以这个介引结果补语成分的功能也附加在了动词变韵上。

有关动词变韵其他涉及动补结构的句式还有几种:"V^D＋比＋N＋都＋形容词""V^D＋结果补语""V^D＋程度副词＋形容词"等。

"V^D＋比＋N＋都＋形容词"的用例:

(87)择菜他择^{D}比谁都净。
(88)他跑^{D}比谁都快。

例(87)意为"他择得比谁都净",例(88)意为"他跑得比谁都快。"
"V^D＋结果补语"的用例:

(89)说他,他恼^{D}受不儿的。
(90)扛篮^{Z}扛^{D}我胳膊疼。
(91)他把板凳搬^{D}来了。
(92)他抬^{D}来桌^{Z}了。

例(89)(90)动词变韵后接结果"受不儿的""胳膊疼";例(91)(92)与动作的位移结果相关。

"V^D+程度副词+形容词"的用例:

(93) 跑^{D}怪快。
(94) 扫^{D}可净。

例(93)(94)是动词变韵后接"副词+形容词"结构,相当于"跑得快""扫得可净"。

这些结构都是"动词^D+补语"的情况,有表已然也有表未然的,如"染^{D}叫深些儿"等句表未然,"择^{D}比谁都净"有可能表未然或已然,"扛^{D}我胳膊疼"表已然。这些结构中的动词变韵主要起到连接动词和补语的作用,相当于结构补语"得",意为"染得叫深些儿""择得比谁都净""扛得我胳膊疼"等。

10. 其他

获嘉方言中的动词变韵还有一些情况较难分类,如"看、瞧、猜"等可带谓词性宾语的动词变韵的情况,例如:

(95) 你瞧^{D}他把馍扔了。
(96) 你招$_看$^{D}他往哪跑。
(97) 你猜^{D}他是啥心事。

例(95)—(97)中的动词变韵后可停顿也可不停顿,结构为"V^D+S"。动词变韵后接小句,起到类似标句词的作用。

5.1.3 小结

综上所述,动词变韵的句法位置(即原语法形式语音弱化,以变韵形式附加在动词上后留下的句法空位)在动词与宾语之间。动词变韵的句法功能主要包括:表处所、表时间、表已然实现、表持续或存在(实现以后的持续或存在)、表达成(未然,虚拟的实现)、表祈使语气、表方式,后接原因/目的成分,以及动词变韵后接结果义成分,相当于动补结构助词等语法功能。

我们在第三章讨论了"了"的演化,在第四章讨论了"着"的演化,大家可以发现这些用法与位于动词后(宾语前)的"了""着"的句法功能有极大的相似性。三者有不同来源,但最终在相同句法位置获得了相似的句法功能。

动词变韵具有多个历史层次,来源比较复杂。接下来我们看一下其他方言中小称形式表时体的情况,可以更明显地看出句法位置对于虚词句法功能的影响。

5.2 汉语方言小称形式的语法功能

韩昕(1988)提到商丘方言(属于中原官话商阜片)中的"子尾"读/tei/或/nen/(/nen/为鼻尾韵后条件变体)。"子尾"除有表小称和名词化作用外,还可加在数量结构、形容词、副词后不改变原来的句法性质。此外,商丘方言"□/tei/"还可以与动词、形容词结合,表示动作、状态的正在进行或持续。例如:

(98)墙上贴□/tei/一幅画。(商丘方言,韩昕[1988]用例)
(99)站□/tei/唱(商丘方言,韩昕[1988]用例)
(100)他说□/tei/走□/tei/。(商丘方言,韩昕[1988]用例)
(101)这只苹果留□/tei/给小王吃。(商丘方言,韩昕[1988]用例)
(102)坐□/tei/别动。(商丘方言,韩昕[1988]用例)
(103)这块布好□/tei/呢。(商丘方言,韩昕[1988]用例)

韩昕(1988)认为,这些例句中的"子尾"是"着"的语音弱化形式。但我们结合汉语中另一个小称形式——"儿化"的语法功能来看,可以更清晰地发现,这里的表持续的"□/tei/"很可能就是小称"子尾"在动词后的位置语法化得到的新语法形式。我们再来看其他汉语方言中小称"儿化"表时体等功能的情况。

《遵化县志》(1990)中提到,河北遵化方言的"儿"可以附在动词之后,跟时体相关,例如:

(104)搬儿家了、吃儿饭了、长儿能耐了、刮儿脸了、生儿气了、跑儿两趟、说儿半天、写儿两张、睡儿一天、走儿半月(遵化方言,遵化县志[1990]用例)
(105)躺儿看书、拉儿他快跑、走儿瞧、看儿办(遵化方言,遵化县志[1990]用例)
(106)摞儿地下、躺儿炕上、死儿东北了、扔儿街上了、装儿车上了、有钱使儿刀刃上(遵化方言,遵化县志[1990]用例)

《遵化县志》(1990)解读,例(104)几个结构中的"儿化"相当于表完成的"了",

例(105)相当于表进行的"着",例(106)相当于介词"在"或"到"。除遵化外,胶辽官话的很多方言片区都有用儿化表示"着""了""到/在""得(结构助词)"的现象。

我们可以看出,汉语方言的两个表小称的语音形式("子尾"和"儿化")的语法意义几乎完全对称。

"子尾"可作名词词缀、表小称、表量小、附加在形容词/动词上不改变词性、表持续/完成(被认为是"着""了"的语音弱化,如商丘方言的子尾)。

"儿化"也可作名词词缀、表小称、表量小、附加在形容词/动词后不改变词性、表持续/完成(被认为是"着""了""过"的语音弱化,如上文中提到的遵化方言和下文将提到的遵义方言和牟平方言)。

一些研究认为,普通话中表持续、完成或处所的"子尾""儿化"是表持续或完成的"着""过""了"语音弱化的结果。这就引发了以下问题,为什么"着"的语音弱化在不同方言中会形成"子尾"和"儿化"两套系统,且分别与当地能产性很强的小称形式对应?除了来自"了、着、过、到"的话音弱化之外,有没有其他的解释?

5.2.1 前人关于小称形式表时体、处所等义的看法

20世纪80年代的学者普遍认为,位于谓词后表时体处所的小称形式是其他虚词语音弱化的结果。例如,厉兵(1981)认为长海方言中表"了""着""到/在""得"等义的"儿化"分别是这些词语语音弱化的结果。孔昭琪(1982)也认为山东牟平方言中表时体方位以及结构助词用法的"儿化"是"了""着""到/在""得"语音弱化的结果。韩昕(1988)则认为商丘方言中表进行或持续的"子"是"着"语音弱化的结果。

罗自群(2006)认为表时体的"之/子/仔"是"着"语音弱化的结果,但他认为表持续的"着"本身就是在"儿"的影响下演化的结果。他认为"儿"所涉及的词类比较广泛,不光有儿化名词,还有儿化形容词、儿化动词等(儿化后仍为形容词或动词,没有名词化处理)。一些方言的"著"在语法化的过程中也可能受到"儿化"的影响。当"儿"字还是鼻音、自成音节的时候,"著儿"发展到后来便成为今天客家话等方言中的阳声韵持续体标记。当"儿"字变成央元音、出现儿化韵时,正值"著"语法化程度加深,儿化可能使得持续标记的读音更加弱化,更符合其句法地位,如北京话的"着"。罗自群(2006)还提到了现代广东梅县方言和陕西户县方言中有"着"和"儿"连在一起表持续的用法。例如:

(107)食等儿饭(正吃着饭)、看等儿书(正看着书)、含等儿(含着);(广东梅县方言,罗自群[2006]用例)

(108)引着(儿)娃往东走、说着(儿)说着(儿),笑唡、争着(儿)吃、水渠两边栽着(儿)白杨树。(户县方言的持续体标记可以用"着/tʂə⁰"或"着儿/tʂə⁰"来表达)。(陕西户县方言,罗自群[2006]用例)

罗自群的说法可以解释"着"的现有读音来源和方言中"着""儿"共用的情况。却无法解释有些方言中只用"儿化"来表示持续的现象,并且"儿化"除了表持续,还有表处所、完成、后接结果补语等功能。

口语色彩强的语言形式在书面语言中的使用受到限制,且方言写作的材料也较少,所以我们需要参考其他汉语方言中"子尾"和"儿化"的演变形式来判断它们是否具有用在动词后、具有小称义,且不改变动词词性的用例。这样我们就可以判断这些动词后的小称形式是它们本身,而不是其他虚词的语音弱化[①]。

5.2.2 方言中"动词+儿化"的现象

方言中"动词+儿化"可以出现的结构有"V儿化""V儿化+动量/时量""V儿化+O了""儿化连动结构""儿化动补结构""V儿化+处所方位词语"等。下面我们将分类观察这些位置的"儿化"是小称形式,还是其他语音形式的弱化(因为语音上与"儿化"一致,只要有小称义,就不宜认为这些位置的"儿化"是其他语音形式的弱化)。

1. "V儿化"

根据孔昭琪(1982)的研究,山东牟平方言动词"没有"可以带"儿化"动词宾语,且这类宾语前面必须附加不定量词"个"。这样的动宾词组表示"没法儿怎样"或"不可能怎样"。例如"没有个听儿"就是"没法儿听",即很难听,不好听。与之相似的还有以下例子。

[①]就动词来说,涉及动量时量、时体、方位、结果、目的、方式等,可以认为是多维的,而语言的语音输出是一维的,必然会导致一个情况,即多个语法形式在同一个句法位置有竞争。所以这里的"儿化"也有可能是其他虚词原先也存在于这个句法位置,只是在与小称形式的竞争中失败,语音彻底虚化,其语法意义因句法位置相同而附加在了小称形式上。

(109)没有个干儿、没有个看儿、没有个管儿、没有个跑儿、没有个懂儿、没有个忘儿。(牟平方言,孔昭琪[1982]用例)

如果是反诘语气,可以用"有",仍然表示否定,例如:

(110)那眼井儿的水那还有个喝儿吗?(牟平方言,孔昭琪[1982]用例)
(111)他家儿那个家使那还有个使唤儿?(牟平方言,孔昭琪[1982]用例)
(112)他那口南方话那还有个懂儿吗?(牟平方言,孔昭琪[1982]用例)

孔昭琪(1982)给出的这些"儿化动词",比如"看儿""听儿"可以转指"值得看的地方""值得听的东西",有些可以指称动作/事件本身,如"记吃儿不记打"。这些用例前面都有典型的名量词"个",可以看出这些"儿化"存在名词化的作用,只是名词化后的语义较抽象。

"V+儿化"除了名词化之外,还有一种用法不改变动词词性,只附加量小义或增加感情色彩(属于小称形式的语法意义)。例如玩儿、一路小跑儿等。

2."V儿化+动量/时量"

在北大语料库可以搜索到《元曲选》中有大量"V一V儿"的用法,如告一告儿、住一住儿、等一等儿、使一使儿等。其中,"一V儿"用儿化表示时量/动量小。

孔昭琪(1982)提到,牟平方言动补结构中的动词一般也会"儿化"。同时,他认为凡是带有表示不可能的"不了""不到",并带有表示时间、处所等补语的动词,在胶东方言中一律要儿化。例如:

(113)差儿不多少、穿儿不几水、多儿不几个、到儿不哪去、吃儿不多少、吃儿不肚子里去、贵儿不哪去、住儿不几天(牟平方言,孔昭琪[1982]用例)

孔昭琪(1982)认为,这是把"了"或"到"移到前面然后语音弱化跟动词一起组成"儿化"韵。但是我们可以看到,这些例子中的时间较短,处所不远,"儿化"在这里的作用跟小称的"量小"和增加口语色彩有关。我们认为"儿化"是"了、得、到"的语音弱化,很可能是因为在母语者的语感中,这些"儿化"除了小称义外还附加了其他虚词的功能。有可能是这些虚词语音弱化后,其功能附加在了"儿化"上(与中原官话动词变韵相似,都是虚词语音弱化后附加在了其他语法形式上。只是这里动词本身有"儿化"韵,所以原先虚词语音彻底虚化,其语法功能就由"儿化"变韵承载)。

河南省鄢陵方言中也有动词"儿化"后加动量的用法,例如:

(114)你也动儿动儿_{动一动},白_{不要}成天^{Z}挺^{D}床上。

"动儿动儿"带有随意、幅度小的意思。"你动儿一下^Z。"跟"你动一下^Z。"比起来,第一个句子指"你稍微活动一下(不要一直坐着/躺着)",第二个句子就是普通的"动",不涉及动作大小。

另外,鄢陵方言中也存在"多儿不几个"的说法,但没有牟平方言使用范围广,这些结构中的"儿化"仅表量小。

3. "V儿化+O了"

鄢陵方言中有"(饿)过儿劲儿了""晃儿神儿了"的说法。"过儿劲儿了""晃儿神儿了"中,第一个"儿化"只是起到增添随意的口语色彩(小称形式的功能之一)的作用。

根据蒋希文(2005)的研究,赣榆方言中有"新鞋,掉儿底儿了"的说法。这类说法的主语是跟人有关的事物,蒋希文认为说的时候带有一种幸灾乐祸的语气。例如:

(115)刚分到的两间屋,倒儿了。(赣榆方言,蒋希文[2005]用例)
(116)刚买的碗,打儿了。(赣榆方言,蒋希文[2005]用例)
(117)新鞋,掉儿底儿了。(赣榆方言,蒋希文[2005]用例)
(118)花棉袄,破儿了。(赣榆方言,蒋希文[2005]用例)

表"幸灾乐祸"的戏谑语气的"V儿",应该是由小称表亲昵和随意语气的用法演化而来。

4. 牟平方言的"儿化"连动结构与"儿化"动补结构

孔昭琪(1982)认为,牟平方言的连动结构和动词作补语的情况可以归为一类,即二者用法一致。给出的例子节录如下。

(119)杀儿吃了、改儿穿了、劈儿烧了、摘儿捎着。(牟平方言,孔昭琪[1982]用例)
(120)赶儿跑了、撵儿走了、领儿撂了、送儿来了。(牟平方言,孔昭琪[1982]

用例)

例(119)中的短语结构为连动,例(120)中的短语结构是动词作补语的情况。

并且孔昭琪(1982)还指出,牟平方言的动补结构中动词可以"儿化":

(121)念儿夹生了、死儿停当了、气儿二糊了、急儿毛儿神儿了、气儿伸儿腿儿了。(牟平方言,孔昭琪[1982]用例)

(122)起儿晚了、吃儿急了、摘儿早了、说儿快了、走儿痕了。(牟平方言,孔昭琪[1982]用例)

也就是说,在牟平方言中,连动结构、动词作补语的动补结构、普通动补结构,以及带有否定词的可能补语结构(如前面提到的"穿儿不几水"等),四者可以构成一个连续统,第一个动词都可以儿化。它们"儿化"的性质应该是一致的。而笔者在前文提过,"多儿不几个""住儿不几天"之类的"儿化"与表量小相关。同时,孔昭琪(1982)在文中还比较了下面两种说法:

(123)摘儿晚了—晚儿摘了。(牟平方言,孔昭琪[1982]用例)
(124)死儿晚了—晚儿死了。(牟平方言,孔昭琪[1982]用例)

孔昭琪(1982)指出,后一种说法的语气和感情都强烈得多。这说明在牟平方言中,动词"儿化"后语气比较随意。动词"儿化"之后增添了随意色彩,也正是小称形式常有的语法意义。因此我们推测,牟平方言连动结构中的"儿化"也是小称"儿化",不是其他助词语音弱化的结果。

5."V儿化+处所方位词语"

蒋希文(2005)指出,赣榆方言中动词"儿化"有加处所方位的用法。例如:

(125)挂儿墙上—挂墙上。(赣榆方言,蒋希文[2005]用例)
(126)堆儿门外去—堆门外去。(赣榆方言,蒋希文[2005]用例)
(127)搁儿桌上—搁桌上。(赣榆方言,蒋希文[2005]用例)
(128)扔儿墙外去—扔墙外去。(赣榆方言,蒋希文[2005]用例)

根据蒋希文(2005)的研究,例(125)—(128)中的加"儿化"和不加"儿化"两种说法在赣榆方言中都可以使用。带"儿化"表示动作所涉及的物体"轻巧""体积小""容易处置",不带"儿化"则不一定有这种意思。如果处置的物品是很大很重或比较郑重的物品,则不能用"儿化"动词表示。例如:

(129)*大盘搁儿桌上。(赣榆方言,蒋希文[2005]用例)
(130)*那块大石头扔墙外去。(赣榆方言,蒋希文[2005]用例)

所涉及的物体小、动作不难、不用于比较郑重或质量很重的物体,也是小称形式的特点。这个结构中的"儿化"具有小称形式的特点,也不宜认为是其他语法形式的弱化。

6. 小结

综上所述,"儿化"本身可以出现在"V儿""V儿+动量/时量补语""V儿+补语""V儿+V""V儿+O了""V儿+处所方位词语"等结构中。同时,动词有数量、时量、动量,以及实现的难易程度、位移距离的远近等特征,在表示时量/动量小、容易做到、位移距离近等与小称形式表量小与随意的用法相关的情况下,小称形式更容易进入动词后位置,因此并不是其他虚词语音弱化的结果。

5.2.3 小称与时体的关系

"儿化"的来源很复杂。例如,"今儿""明儿"中的"儿化"由"日"变化而来,而"这儿""那儿"中的"儿化"由"里"弱化而来。这种弱化之后选择"儿化"来表达,一方面是因为发音接近("日""儿"都是日母字,且"儿"在某些方言中有演化为边音的例子,与"里"发音相近)。但更重要的原因是,"儿化"本身具有名词化的作用,而时间地点名词也是名词的一种。

而"儿化"表时体的情况与上面所说的"日""里"等的语音弱化不一样。表时体的"了""着"和表处所的"到"的发音和语法意义与小称儿化都有较大区别。上文提过,这些表时体方位的小称形式在以"子尾"表小称的方言中,是以"子尾"形式表示时体方位的;而在以"儿化"表小称的方言中,是以"儿化"形式来表时体方位的。唯一的解释是,小称形式本身进入了这些句法位置,在某一时期与表时体的形式共存,并在同一个句法位置产生了竞争,随后,时体助词等竞争失败、脱落,它们的语法意义保留在空位上,并附加在"儿化"变韵的语音形式上。

"儿化"出现在动词后,与体助词位置相同,在有些方言中有儿化与体助词同现的用例。例如:

(131)我割儿了手了。(玉溪方言,玉溪市地方志办公室[1985]用例)
(132)他踏儿着床上不起来。(玉溪方言,玉溪市地方志办公室[1985]用例)
(133)引着儿娃往东走(陕西户县方言,罗自群[2006]用例)
(134)说着儿说着儿,笑咧(陕西户县方言,罗自群[2006]用例)
(135)争着儿吃(陕西户县方言,罗自群[2006]用例)
(136)水渠两边栽着儿白杨树(陕西户县方言,罗自群[2006]用例)

小称形式和体助词都可以出现在动词后(宾语前),由于语言输出的一维性,小称形式和体助词的句法位置产生了叠置,占据同一个句法位置,有时小称形式在前、体助词在后,如例(131)和例(132);也有体助词在前、小称形式在后的用例,如例(133)—(135)。

小称形式和体助词的出现顺序可以是小称在前,也可以是体助词在前,这两种位置变体也说明二者在线性语言中的句法位置是相同的。动词与相关的小称、方位、体意义、结果、目的、方式等联结构成一个多维网络。然而,语言的输出是一维的,这些与动词相关的多维网络投射到线性语言中时,可能会有多个语法形式投射到同一个句法位置,从而产生竞争。小称形式和其他时体方位等虚词在同一个句法位置产生竞争,而由于小称形式(包括"儿化"和"子尾")在语言中使用频率很高,且从时间(节省一个音节)和发音方法(央化元音)来说比体助词等语法形式更省力,同时还具有增添口语化、语气随意等色彩,因此在某些方言中胜出。其他虚词形式在竞争中失败,其语法意义被重新分析并附加在了"儿化"上面,使"儿化"有了表处所/方位和体意义等用法。

由以上分析可知,小称形式表方位和体意义等用法与其句法位置关系密切,这些用法是在竞争中失败的语法形式在语音彻底虚化后,其功能经过重新分析并附加在小称形式上而产生的。

5.3 句法位置对演化的影响——对来源决定论的探讨

5.3.1 "时""呵(后)""了""着"在句尾位置用法

本书第二章提到的汉语时标记"时/ʂə²¹/""呵(后)/hə²¹/""了/liao²¹/"和第四章的"着",位于前句尾位置时都可以作为时间参照标记、假设条件助词和话题标记使用。这些不同来源的虚词(分别为时间名词、方位词、完结义动词、处所动词),在位于前句尾句法位置时,有了时标记的解读,并进入"时标记＞假设条件助词＞话题标记"的演化斜坡。

句尾位置的虚词经常位于句法结构的上层,管辖整句。而时间义(参照时间义或与参照时间相关)涉及整个事件,很容易附加在句尾位置的虚词上。例如,第三章中我们提到的前句尾位置的"了/liao^{44}/""了/liao^{21}/",以及句尾位置的"了/lε^{21}/"都有时间参照义或具有参照时间相关性。与之相应,当它们位于句中时,往往不含有时间相关性,如位于句中的完结体"了/liao^{44}/"、位于句中表达成的"了/liao^{21}/",以及与位于句中表实现的完整体"了/lε^{21}/"。

5.3.2　D变韵、"儿化"变韵、"着"在动词后位置的用法

不光句尾位置,动词后的句法成分之间也有相似的用法演化。我们可以结合D变韵、动词"儿化"变韵和动词后"着"的功能对比来看动词后位置的句法意义及其对语言演化的影响。

根据5.1的分析,动词变韵的句法位置在动词与宾语之间。动词变韵句法功能主要有表时间/处所;表已然;表持续或存在(实现以后的持续或存在);表达成(未然,虚拟的实现);表祈使语气;表方式;后接原因/目的成分;动词变韵后接结果义成分,相当于动补结构助词等语法功能。

河南商丘方言、河北遵化方言,还有大量胶辽官话的语料证明,小称变韵形式也有表处所、已然、持续,作动补结构助词等用法。

而第四章中原官话"着"的演化路径也表明,当"着"处于动词与宾语之间时,有介引时间/处所、表持续或存在、表达成等语法意义。

这些现象具有明确不同的来源,唯一的相同之处是句法位置相同。这引起了我们对语法化"来源决定论"的思考。

5.3.3　"来源决定论"的讨论

Bybee等(1994)在研究世界语言的时、体、情态的演化过程时,提出了"来源决定假设",也称"来源决定论"。该理论指出,进入语法化构式的实际意义以独特的方式决定了语法化所遵循的路径,以及由此导致的语法意义。

"来源决定论"中所说的语法意义的"来源"是指整个构式的意义(如"be going

to"整个构式的意义参与演化),包括词汇项的指称义和来源构式的句法和形态。"来源决定论"认为,不受具体文化的影响,任何从相同或相似来源意义开始的语法化都可以期待它们遵循相同的演变过程,因此具有相同或相似来源意义的构式的演变路径也具有跨语言的相似性(例如,来源意义是"来"或"去"义的演化具有跨语言共性,演变路径不受具体文化的影响)。

"来源决定论"有其合理之处,因为人类具有认知共性,倾向于通过隐喻、转喻等认知策略把某些概念义与另一些概念义联系起来,这些认知联系是语法演化的基础。但同时我们也可以看到,汉语时体演化的事实证明,不同来源的词进入相同句法位置后,获得了相同的句法意义,如"时/ʂə²¹/""呵(后)/hə²¹/""了/liao²¹/""着",分别为时间名词、方位词、结束义动词、处所义动词,四者进入前句尾句法位置后,都演化成为时标记,并通过"时间-逻辑"的推理语法化为假设条件助词,并进一步语法化为话题标记。

河南省内方言的动词变韵与动词后位置的"着"有着极为相似的语法功能,都可表已然、持续或存在、处所/时间、达成、方式、后接结果义成分作动补结构助词等,它们之间的相似之处只有句法位置。因为动词变韵来源问题尚无定论,我们也可以通过动词"儿化"变韵与动词变韵以及"着"的语法功能的比较得出:位于动宾之间句法位置的成分,极易获得作处所/时间介词、表方式、表已然、表持续或存在,作连接动补结构等语法功能。

以上我们说的是不同来源的语法形式在相同的句法位置极易获得相同的语法意义。下面我们再回头看,同一来源的语法形式,也可以有不同的演化路径,从而得到不同的语法范畴。(Heine等[1991]提到,一个来源概念可以产生不止一个语法范畴,Bybee等[1994]在提出"来源决定论"的时候否定了Heine等人的说法,认为同一个语法形式以不同构式进入演化才形成了不同的语法范畴。)

汉语时体标记的演化大多呈树状结构,几乎没有单线程演化的情况。鄢陵方言完结义动词"了/liao⁴⁴/"在未然/已然的对立语境中,分别演化出"未然/泛时达成"的"了/liao²¹/"和"已然实现"的"了/lɛ²¹/",前者进一步演化出时范畴、假设条件标记和话题标记等用法,后者演化出完整体和完成体等用法。

表"介引对象"的"V着O"构式,当动词是言说义动词时,演化出引语标记用法;当动词可带谓词性宾语时,具有了标句词功能;当"V着O"是均质事件时,演化出表持续的用法;当"V着O"是不均质事件时,形成达成义,并进一步演化为达成结果补语。它们是"着"以同一构式"V着O"进入演化,在不同语境中经过特化或语义磨损形成的用法。也就是说,同一语法形式以同一构式在不同语境中进入演化,可以形成不同的语法范畴。

我们在第四章最后得出的"着"的演化最大可能性路径表明,有相同来源的"着"在不同条件下,分别演化出了空间范畴、时体范畴、情态范畴、致使范畴等不同范畴的用法。

综上可知,在中原官话时体演化中,不同来源的语法形式在相同的句法位置可能获得相同的语法意义;而相同来源的语法形式,根据语境不同也可能会形成不同的语法范畴。这些情况表明,在汉语时体演化中存在"来源决定论"的系统性反例,Bybee等人在研究世界语言的时、体、情态的演化中总结出的"来源决定假设"不适用于汉语时体的演化。

第六章　总　　结

6.1　本书创新点

本书的主要结论和创新点包括以下四个方面。

6.1.1　证明汉语有时范畴

我们发现并论证了河南鄢陵方言中存在严格的时标记系统,汉语是有时的语言。鄢陵方言对事件时间的认知可以以任意确定时间为参照,时系统的第一层先按参照时间是否为说话时间将"时"(tense)分为绝对时和相对时;第二层将相对时二分为相对时同时和相对时先时。鄢陵方言时标记系统如图6-1所示。

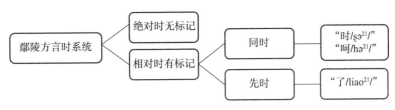

图 6-1　鄢陵方言时系统

绝对时以说话时间为参照时间,无标记,通过体助词表达事件是否在说话时间已然。相对时以说话外时间为参照时间,有标记,通过时标记来表示事件时间和参照时间的关系。二者共同构成鄢陵方言时标记系统。

相对时同时标记"呵/hə²¹/"与"时/ʂə²¹/"附于参照时间后,表明前后事具有时间上的同时关系,参照时间可以是时点也可以是时段。在大部分情况下,相对时同时标记的使用具有强制性,只有在前事具有明确的时间义,可单独做参照时间时,才可以省去,在其他情况下不可省略,或省略后不能凸显"参照时间-事件"关系。

相对时先时标记"了/liao²¹/"要求前句有明确时点义(若前句不具有明确时点义,则不能成为后事的先时时间参照)。"了/liao²¹/"附于参照时间后,表明前事的达成时间是后事的开始时间,前后事之间构成时间上的先后关系。

这些时标记具有共同的特点:语音和语义虚化,与其实词形式有明显区别;句法位置固定(附于参照时间后);加上时标记后整个结构只能作为参照时间理解,不能单独成句,后面要求跟以之为参照时间的事件;在前后事之间可能存在多种关系时,时标记可以凸显前后结构之间的"参照时间-事件"的关系。

我们在讨论鄢陵方言时标记及其演化时,发现汉语中存在一个"时标记＞假设条件助词＞话题标记"的演化斜坡。进入这个演化斜坡的起始点的几个语法成分都具有相同或相似的演化,如古代汉语的"时""后"、现代鄢陵方言的"了",以及山西洪洞、芮城、宁夏中宁等地方言中的"着"。这反映了汉语使用者在时间关系蕴含逻辑关系、假设条件关系和话题标记方面具有同一性的认知模式。语言是一个复杂适应系统,语言的演化受语法系统的制约。在鄢陵方言中,因为相对时先时标记"了"演化为假设条件助词和话题标记,限制了相对时同时标记"时""呵"的进一步演化。

6.1.2 得出鄢陵方言"了"的演化路径并分析其演化机制与特点

普通话"了"读音简单,"了"的本体研究和语法化研究都是先从句法位置出发把"了"分为"了₁""了₂"然后再进行其他方面的考察。但是从有更多语音证据的鄢陵方言出发,可以看到古代语料中,相同位置的"了"也有不同的来源,这也是普通话"了"的研究这么复杂无定论的原因。

我们对今鄢陵方言中三种读音"/liao⁴⁴/""/liao²¹/""/lɛ²¹/"的"了"进行了描写和分析,发现词尾和从句句尾"了/liao⁴⁴/"的核心语义都是表完结,词尾句尾"了/liao²¹/"的核心语义都是表非已然达成,词尾句尾"了/lɛ²¹/"的核心语义是表已然实现。相同读音的"了"演化距离更近,所以应以语音语义为标准将"了"分为完结义、非已然达成义和已然实现义的"了",然后再用历时和共时结合的方法进行语法化分析。研究发现,争议较大的词尾"了"有完结体"了/liao⁴⁴/"达成体"了/liao²¹/",和完整体用法,它们分别位于不同的演化分支中,不具有直接的相互演化关系。句尾/从句句尾位置的"了"也包含已然"了/lɛ²¹/"和非已然"了/liao²¹/"两种情况。相同句法位置的"了"并不是均质的,不能在第一层就以句法位置为标准将

"了"分为"了₁""了₂"。

鄢陵方言"了"的演化路径如第三章图6-2所示。

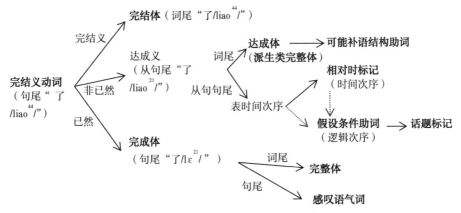

图6-2 鄢陵方言"了"的演化路径

鄢陵方言"了"的演化有几个特点：

①多线程性，呈树状进行。②语境和句法位置对于语法意义的演化有重要影响。如表完结的"了/liao⁴⁴/"在完结义磨损后，在不同语境(已然与未然的对立)中产生了语音和语义的分化。句法位置对于语言的演化有很重要的影响，如，句尾或小句尾位置的"了"(包括句尾的"了/liao⁴⁴/""了/liao²¹/"和"了/lɛ²¹/")更容易附加时意义。③相同来源、语音弱化程度更高的语法形式不一定语法化程度更高。时标记"了/liao²¹/"的语音弱化程度低于体标记"了/lɛ²¹/"，但其语法化程度高于体标记"了/lɛ²¹/"。这是因为二者位于不同的演化分支(位于不同的演化链)，不构成语法化单向性假说的反例。

6.1.3 中原官话"着"的演化

本书在中原官话"着"的演化部分，从中原官话多点方言的共时变体出发，解析历时语料，构建多点方言研究框架，探讨中原官话"着"演化的最大可能性路径。因"着"的演化历史很长，用法复杂，因此在材料处理方面，我们首先依据语法化单向性假说和语法化链理论将各用法按相似性分为若干组，然后分别讨论它们的演化，最后进行综合分析，得出演化路径。

在讨论的过程中，我们描写了鄢陵方言中"着"的动词和后置词用法，其中"着"的引语标记和标句词用法是首次报道，为学界提供了新的研究材料。

前人大多认为"着"表持续体的用法直接来自表处所的"在"或"到"义,而由"到"或"在"义演化为持续体用法的语法化机制是类推或隐喻。我们认为,"着"由表处所到表持续体中间经过了"介引动作对象"阶段。"着"表"介引动作对象"的用法是"着"演化中的一个关键节点,很多用法都是从这个用法演化来的,并且这个用法在现代汉语介词"x着"中保留了下来。

"着"由"介引处所"演化为"介引动作对象"的过程为:

在"V(+O)+着+处所"结构中的"O"同时具有工具和受事两种语义解读的情况下,当"O"被解读为工具时,"处所"就会被重新解读为受事。整个结构有两读的可能。这其中使用的语法化机制主要是重新分析。

在"V(+O)+着+处所"结构中,当"处所"解读为受事后,结构紧缩为"V+着+处所受事"。"处所受事名词"进一步类推到普通受事名词,"V+着+处所受事"结构成为"V+着+普通受事"结构后,普通动词也可以进入"V+着+受事"结构,最终形成新的语义结构和表达重点,"着"的"介引动作对象"的演化阶段完成,"着"成为"介引动作对象"的介词。这一阶段起作用的语法化机制主要是类推,先由处所受事类推到普通受事,其后动词由位置义动词类推到普通动词。

"着"在成为"介引动作对象"的介词的过程中,通过语义隐喻获得了表达成/实现的语法意义,在此基础上,发展出持续体的用法。"着"由表"附着、接触、到达"等义隐喻为表"达成、实现"义的图示如图6-3所示。

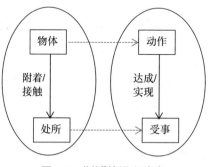

图6-3 "着"的语义演变

学界普遍认为"着"的使役、处置、被动、致使义来自"着"表"附着"或"使附着"的本义。本书提出,"着"表使役的用法主要来源于"着"的"写作"义。"写作"义的"著(着)"与"令"结合,词汇化为表"书写的规章制度"义的名词,后用作动词表"命令",产生使役用法,并在此基础上演化出致使和一部分被动和处置用法。"着"的被动和处置用法来源比较复杂。被动义有两个可能的来源:使役义和遭受义;处置义有两个可能的来源:"拿着、携带"义和致使义。

经过历时和共时语料研究,得出"着"的语法化路径如第四章提到的图6-4所示。

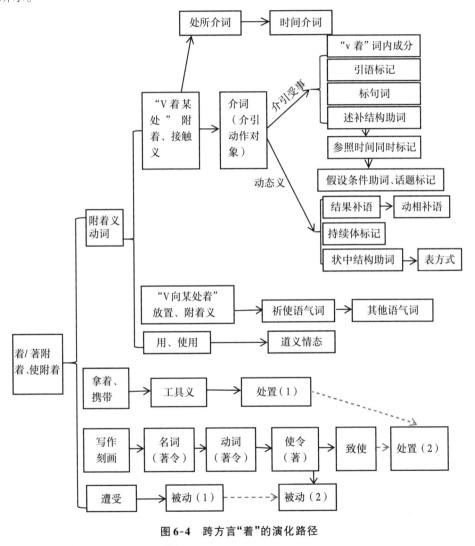

图6-4 跨方言"着"的演化路径

在得出演化路径后,我们结合语料证据分析其演化机制和动因,认为"着"的演化有清晰的脉络和理据,语法化是语法化内部规则推动的,不是语言接触的结果。

6.1.4 理论探索

1."来源决定论"献疑

我们在中原官话时标记、"了""着"的语法化中发现,句法位置对于汉语演化有着非常重要的影响。笔者继续考察了河南省内动词变韵表时体和胶辽官话动词"儿化"变韵表时体的用法,对动词后位置和句尾位置涉及时体的几种语法形式进行比较。研究证明:相同来源的语法形式在不同语境和条件下会有不同的演化方向,可能形成不同的语法范畴;而不同来源的语法形式,在相同的句法位置,也有产生相同或相似的语法功能的倾向。这说明在汉语时体演化中存在"来源决定论"的系统性反例。Bybee等(1994)的"来源决定假设"可能适用于印欧语系或非洲语言时体的演化,但并不适用于汉语时体的演化。

2. 语法化是在复杂适应系统中的演化

复杂适应系统概念是在物理学、生态学等领域中提出的,王士元先生(2006)将"语言是一个复杂适应系统"的观点引入汉语研究,认为语言的产生和演化都符合复杂适应系统的特点。以复杂适应系统的观点来看语言的产生、变化和自我调适对我们了解人类的语言和认知有很大帮助。

在对中原官话时体语法化的研究中,我们发现汉语时体的演化也符合复杂适应系统的特点。语言演化的触发条件可能是一个简单的语境,演化方向和过程受系统的促进和制约,经过量变和在语法系统中的自我调适,最终实现质变。

3. 汉语时体语法化的特点

语义网络是多维联结的,这与语言输出的一维性构成矛盾[①],是语言语法化的内部主要动因。例如,与动词联结的有时量/动量、体、方位、结果、方式、目的、程度等多维语义。而语言的输出是一维、线性的,这就导致与动词相关的几个语义成分折射到一维空间时在同一个句法位置产生叠置。也就是说,同一个句法位置有发展为多种语法功能的潜势。当某一语法形式进入这个句法位置后,其语义虚化到一定程度时,原来没有表达出来的语法功能有可能引导虚词继续演化并最终得到凸显(如"了""着"的演化)。如果这些不同的语义功能由不同虚词承载,并在同一句法位置出现,那这几个在相同句法位置的虚词会构成竞争关系,在竞争中

---

① 语言输出主要以声音为载体,声音的传播受时间限制,是线性、一维的。

失败的一方语音弱化,其语义功能则会附加在胜者的身上(如中原官话动词变韵和胶辽官话"儿化"变韵等合音形式的演化)。

6.2 研究的不足之处与未来展望

研究的不足之处在于缺少中原官话"了"的多点语料。这一方面是因为"了"语音弱化后各地可能会采用不同书写形式记录"了"的用法,比如"咾""喽""来"等,需要大量工作分辨这些语料的来源问题;另一方面是"了"位于句尾位置时经常与别的语气词形成合音,语法意义复杂,不好判定。因此,为了保证语料的真实性以及方便从"了"的读音分化来分析历时语料,本书在第二和第三章只涉及笔者母语鄢陵方言"了"的用法。关于"了"的多点演化问题,有待深入研究。

汉语时体系统还有很多其他语法形式,如"过""起来""下去""的"等,本书暂未涉及这些语法形式的演化,有待未来研究,从而更好更完整地构建汉语时体演化的体系。

"TAM"("时"[tense]、"体"[aspect]、"情态"[modality]),是语法化程度最高,也是学界最关注、最适合进行跨方言或跨语言比较的语法范畴。本研究主要考察时体的语法化,未涉及"情态"演化部分。西方语言学研究发现,"时体"和"情态"的演化具有紧密的联系。汉语情态演化与世界语言的情态演化具有共性,也有不同,如都呈现出"动力情态→道义情态→认识情态"的语法化趋势,但英语的时体与情态之间往往有演化关系,而汉语的情态词大多来源于动词,很少来源于时体形式,关于情态的演化有待进一步研究。

参考文献

中文文献

[1] 白一平,沙加尔,上古汉语新构拟[M].上海:上海教育出版社,2020.
[2] 梅祖麟.现代汉语完成貌句式和词尾的来源[J].语言研究,1981(1).
[3] 梅祖麟.汉语方言里虚词"著"字三种用法的来源[J].中国语言学报.1988(3).
[4] 梅祖麟.唐代、宋代共同语的语法和现代方言的语法[J].中国境内语言暨语言学,1994(02).
[5] 海涅,克劳迪,许内迈尔.语法化:概念框架[M].北京:世界图书出版公司,2018.
[6] 萨丕尔.语言论[M].北京:商务印书馆,1985.
[7] 罗杰瑞.汉语概说[M].北京:语文出版社,1995.
[8] 拜比,珀金斯,帕柳卡.语法的演化:世界语言的时、体和情态[M].北京:商务印书馆,2017.
[9] 霍伯尔,特拉格特.语法化学说(第二版)[M].上海:复旦大学出版社,2008.
[10] 曹道根,许凌春.汉语是一种"(半)时态语言"吗?[J].当代语言学,2019(3).
[11] 曹广顺.《祖堂集》中的"底(地)""却(了)""着"[J].中国语文,1986(3).
[12] 曹广顺.近代汉语助词[M].北京:语文出版社,1995.
[13] 曹国安."时"可表假设[J].古汉语研究,1996(1).
[14] 陈嘉映.海德格尔哲学概论[M].北京:商务印书馆,2017.
[15] 陈明富,张鹏丽.河南罗山方言虚词"着"考察[J].殷都学刊,2011(2).
[16] 陈平.论现代汉语时间系统的三元结构[J].中国语文,1988(6).
[17] 陈前瑞.汉语体貌系统研究[D].武汉:华中师范大学,2003.
[18] 吴福祥,崔希亮.语法化与语法研究(四).北京:商务印书馆,2009.
[19] 陈前瑞,张华.从句尾"了"到词尾"了"——《祖堂集》《三朝北盟会编》中"了"用法的发展[J].语言教学与研究,2017(3).

[20] 戴耀晶.现代汉语时体系统研究[M].杭州:浙江教育出版社.1997.
[21] 董秀芳.论"x 着"的语法化[C]//北京大学汉语语言学研究中心《语言学论丛》编委会.语言学论丛(第二十八辑).北京:商务印书馆,2003.
[22] 段亚广.中原官话音韵研究[M].北京:中国社会科学出版社,2012.
[23] 冯春田.近代汉语语法研究[M].济南:山东教育出版社,2000.
[24] 高名凯.汉语语法论[M].北京:商务印书馆,1986.
[25] 谷峰.西方语法化理论概览(上)[J].南开语言学刊,2008(1).
[26] 谷峰.西方语法化理论概览(下)[J].南开语言学刊,2008(2).
[27] 韩昕.河南商丘话里的 tei nen[J].中南民族学院学报(哲学社会科学版),1988(5).
[28] 贺巍.获嘉方言韵母变化的功用举例[J].中国语文,1965(4).
[29] 贺巍.获嘉方言研究[M]北京:商务印书馆,1989.
[30] 胡亚,陈前瑞."了"的完成体与完整体功能的量化分析及其理论意义[J].世界汉语教学,2017(3).
[31] 江蓝生.时间词"时"和"后"的语法化[J].中国语文,2002(4).
[32] 江蓝生.跨层非短语结构"的话"的词汇化[J].中国语文,2004(5).
[33] 蒋绍愚.近代汉语研究概要[M].北京:北京大学出版社,2005.
[34] 蒋绍愚.动态助词"着"的形成过程[J].周口师范学院学报,2006(1).
[35] 蒋希文.汉语音韵方言论文集[M].贵阳:贵州人民出版社,2005.
[36] 金立鑫.试论"了"的时体特征[J].语言教学与研究,1998(1).
[37] 金立鑫.词尾"了"的时体意义及其句法条件[J].世界汉语教学,2002(1).
[38] 孔昭琪.牟平方言动词的儿化[J].语言学通讯,1982(4).
[39] 李蓝."着"字式被动句的共时分布与类型差异[J].中国方言学报,2006(1).
[40] 李讷,石毓智.论汉语体标记诞生的机制[J].中国语文,1997(2).
[41] 李倩.宁夏中宁方言的虚词"着"[J].语文研究,1997(4).
[42] 李荣.官话方言的分区[J].方言,1985(1).
[43] 李铁根."了、着、过"呈现相对时功能的几种用法[J].汉语学习,1999(2).
[44] 李铁根."了"、"着"、"过"与汉语时制的表达[J].语言研究,2002(3).
[45] 李学军.河南内黄方言双音节动词的变韵[J].汉语学报,2015(3).
[46] 李永.汉语动词语法化的多视角研究[M].济南:山东大学出版社,2014.
[47] 厉兵.长海方言的儿化和子尾[J].方言,1981(2).
[48] 梁银峰.论汉语持续体标记"着"和进行体标记"着"的语法化路径[J].语言研究集刊,2010(1).
[49] 林若望.论现代汉语的时制意义[J].语言暨语言学,2002(3).

[50]　林若望.再论词尾"了"的时体意义[J].中国语文,2017(1).

[51]　刘海波."着"字被动句的来源[J].安阳师范学院学报,2019(4).

[52]　刘坚,江蓝生,白维国,等.近代汉语虚词研究[M].北京:语文出版社,1992.

[53]　刘勋宁.现代汉语句尾"了"的来源[J].方言,1985(2).

[54]　刘勋宁.现代汉语词尾"了"的语法意义[J].中国语文,1988(5).

[55]　刘勋宁.再论汉语北方话的分区[J].中国语文,1995(6).

[56]　刘悦.临沂方言"着"字用法探析[D].武汉:华中科技大学,2012.

[57]　龙国富,叶桂郴.中古译经中的假设语气助词"时"[J].古汉语研究,2005(1).

[58]　卢烈红.《古尊宿语要》代词、助词研究[M].武汉:武汉大学出版社,1998.

[59]　陆俭明.述补结构的复杂性——《现代汉语补语研究资料》序[J].语言教学与研究,1990(1).

[60]　罗自群.现代汉语方言持续标记的比较研究[M].北京:中央民族大学出版社,2006.

[61]　吕佳.山西芮城方言"着"的虚化用法[J].现代语文(语言研究版),2016(4).

[62]　吕叔湘.中国文法要略[M].北京:商务印书馆,2014.

[63]　吕叔湘.释《景德传灯录》中"在""著"二助词[C]//汉语语法论文集.北京:商务印书馆,1984.

[64]　吕叔湘.吕叔湘全集(第1卷)[M].沈阳:辽宁教育出版社,2002.

[65]　吕叔湘,朱德熙.语法修辞讲话[M].北京:中国青年出版社,1979.

[66]　马庆株.时量宾语和动词的类[J].中国语文,1981(2).

[67]　马希文.关于动词"了"的弱化形式/·lou/[J].中国语言学报,1982(1).

[68]　敏春芳,杜冰心.语言接触视野下甘青河湟方言"着"字句研究[J].山西大学学报(哲学社会科学版),2020(2).

[69]　彭利贞.论一种对情态敏感的"了2"[J].中国语文,2009(6).

[70]　朴珉娥,袁毓林.汉语是一种"无时态语言"吗?[J].当代语言学,2019(3).

[71]　乔全生.洪洞方言"着"的共时研究[J].语言研究,1989(1).

[72]　乔全生.洪洞话的"VX着"结构[J].语文研究,1989(2).

[73]　乔全生.从洪洞方言看唐宋以来助词"着"的性质[J].方言,1998(2).

[74]　石毓智.论汉语的进行体范畴[J].汉语学习,2006(3).

[75]　宋金兰.汉语助词"了"、"着"与阿尔泰诸语言的关系[J].民族语文,1991(6).

[76]　苏建军.甘肃通渭话中的虚词"着"[J].语文学刊,2010(12).

[77]　孙朝奋.《虚化论》评介[J].国外语言学,1994(4).

[78]　孙立新.关于户县方言"着"字的补充讨论[J].宝鸡文理学院学报(社会科学版),2011(4).

[79] 孙立新.关于关中方言"教/着"字句的讨论[J].宝鸡文理学院学报(社会科学版),2014(3).
[80] 孙立新,阎济华.与户县方言表示时态的"着"字有关的几个问题[J].甘肃高师学报,2007(1).
[81] 太田辰夫.中国语历史文法[M].北京:北京大学出版社,2003.
[82] 覃凤余,王全华."着"清浊两读与其兼表持续、完成的用法[J].古汉语研究,2021(3).
[83] 田春来.近代汉语"著"字被动句[J].语言科学,2009(5).
[84] 王力.王力文集(第1卷)[M].济南:山东教育出版社,1984.
[85] 王力.汉语史稿[M].北京:中华书局,2004.
[86] 王娜娜.甘肃庄浪方言"着"的用法浅析[J].兰州教育学院学报,2019(12).
[87] 王全华.山东临沂方言的"着"及其语义演变[J].临沂大学学报,2020(6).
[88] 王森.郑州荥阳(广武)方言的变韵[J].中国语文,1998(4).
[89] 王士元.语言是一个复杂适应系统[J].清华大学学报(哲学社会科学版),2006(6).
[90] 魏红.从《聊斋俚曲》看明清山东方言里的介词"着"[J].青岛大学师范学院学报,2009(2).
[91] 吴福祥.敦煌变文语法研究[M].长沙:岳麓书社,1996.
[92] 吴福祥.重谈"动+了+宾"格式的来源和完成体助词"了"的产生[J].中国语文,1998(6).
[93] 吴福祥.再论处置式的来源[J].语言研究,2013(3).
[94] 吴福祥.近年来语法化研究的进展[J].外语教学与研究,2004(1).
[95] 吴福祥.汉语语法化研究的当前课题[J].语言科学,2005(2).
[96] 吴福祥.语义图与语法化[J].世界汉语教学,2014(1).
[97] 吴福祥.也谈持续体标记"着"的来源[J].汉语史学报(第四辑),2004.
[98] 吴福祥.也谈语法化的机制和动因[J].语文研究,2021(2).
[99] 吴继章.河北魏县方言与"着"有关的两个问题[J].语文研究,2006(1).
[100] 武玉丽,王坤.临沂方言中的虚词"着"[J].消费导刊,2009(2).
[101] 肖万萍.桂北永福官话的"着"[J].语言研究,2010(3).
[102] 辛永芬.河南浚县方言的动词变韵[J].中国语文,2006(1).
[103] 邢向东.陕北神木话的助词"着"[J].中国语文,1997(4).
[104] 邢向东.论现代汉语方言祈使语气词"着"的形成[J].方言,2004(4).
[105] 徐烈炯,刘丹青.话题的结构与功能[M].上海:上海教育出版社,2018.
[106] 杨春宇,樊琛琛.山西阳城方言"着"字被动句探析[J].晋中学院学报,

2020(1).

[107] 杨永龙.汉语方言先时助词"着"的来源[J].语言研究,2002(2).

[108] 袁宾.禅宗著作词语汇释[M].南京:江苏古籍出版社,1990.

[109] 玉溪市志办公室.玉溪方言志[M]//玉溪市志办公室.玉溪市志资料选刊(第7辑),1985.

[110] 张安生.西宁回民话的引语标记"说着"、"说"[J].中国语文,2007(4).

[111] 张成材.西宁方言词典[M].南京:江苏教育出版社,1994.

[112] 张慧丽.汉语方言变韵的语音格局[D].北京:北京大学,2011.

[113] 张慧丽,潘海华.动词变韵与事件结构的语法化[J].中国语文,2019(1).

[114] 张建军.甘肃临夏话的虚词"着"[J].甘肃高师学报,2017(6).

[115] 张相.诗词曲语辞汇释[M].北京:中华书局,1955.

[116] 张振羽."着"字被动句来源的多视角考察[J].宁夏大学学报(人文社会科学版),2010(1).

[117] 赵金铭.敦煌变文中所见的"了"和"着"[J].中国语文,1979(1).

[118] 赵清治.长葛方言的动词变韵[J].方言,1998(1).

[119] 赵元任.汉语口语语法[M].北京:商务印书馆,1968.

[120] 中国社会科学院,澳大利亚人文科学院.中国语言地图集[M].香港:朗文出版(远东)有限公司,1987.

[121] 中国社会科学院,澳大利亚人文科学院.中国语言地图集[M].北京:商务印书馆,2012.

[122] 中国社会科学院语言研究所词典编辑室.现代汉语词典[M].6版.北京:商务印书馆,2012.

[123] 中山大学人文学院佛学研究中心.汉语佛学评论(第5辑)[M].上海:上海古籍出版社,2009.

[124] 祖生利.元代白话碑文研究[D].北京:中国社会科学院研究生院,2000.

[125] 遵化县志编纂委员会.遵化县志[M].石家庄:河北人民出版社,1990.

英文文献

[1] Bybee J L, Perkins R D, Pagliuca, W. The evolution of grammar: tense, aspect, and modality in the languages of the world[M]. Chicago: the university of Chicago Press, 1994.

[2] Bybee J L. Morphology: a study of the relation between meaning and form [M]. Amsterdam: John Benjamins, 1985.

[3] Comrie B. Aspect[M]. Cambridge: Cambridge University Press, 1976.

[4] Comrie B. Tense[M]. Cambridge: Cambridge University Press, 1985.
[5] Dahl Ö. Tense and aspect system[M]. Oxford: Basil Blackwell, 1985.
[6] Givón T. Historical syntax and synchronic morphology: an archaeologist's field trip. [C]//Chicago Linguistic Society, 1971(1).
[7] Givón T. On understanding grammar[M].New York: Academic, 1979.
[8] Heine B, Tania K. The Genesis of Grammar: A Reconstruction[M]. New York: Oxford University Press, 2007.
[9] Heine B, Ulrike C, Friederike H. Grammaticalization: A conceptual framework[M]. Chicago: University of Chicago Press, 1991.
[10] Hopper P J. On some principles of grammaticization[J]. Approaches to grammaticalization, 1991(1).
[11] Langacker R. Syntactic reanalysis[C]//Mechanisms of syntactic change. Austin: University of Texas Press, 1977.
[12] Lehmann C. Grammaticalization and linguistic typology[J]. General Linguistics, 1986(26).
[13] Lehmann C. Thoughts on grammaticalization[M]. Munich : Lincom Europa, 1995.
[14] Li C N. Word order and word order change[M]. Austin: University of Texas Press, 1975.
[15] Li C N, Thompson S A, Thompson R M M. The discourse motivation for the perfect aspect: the Mandarin particle LE[J]. Tense-aspect: Between semantics and pragmatics, 1982.
[16] Li C N, Thompson S A. An explanation of word order change SVO→SOV [J]. Foundations of Language, 1974(12).
[17] Li C N, Thompson S A. Historical change of word order: A case study in Chinese and its implications[M]//In Historical linguistics. Proceedings of the First International Conference on Historical Linguistics, Edinburgh, 2-7 September, 1973, ed. J. M. Anderson and C. Jones. Amsterdam: North-Holland; New York: American Elsevier, 1974.
[18] Meillet A. L'évolution des formes grammaticales. Scientia, 1912(12).
[19] Smith C S. The parameter of aspect[J]. Studies in Linguistics and Philosophy, 1991.
[20] Traugott E C. From etymology to historical pragmatics[R]. Paper presented at the Conference on Studies in English Historical Linguistics, UCLA, May 27th 2000.